INTERMEDIATE RUSSIAN

Introduction to Russian Syntax

INTERMEDIATE RUSSIAN

Introduction to Russian Syntax

Valentine Tschebotarioff Bill

Princeton University

Holt, Rinehart and Winston
New York   Toronto   London

Permission by The University of Michigan Press to use the excerpt from their 1959 edition of "Dr. Zhivago" by Boris Pasternak, is gratefully acknowledged.

Copyright © 1972 by Holt, Rinehart and Winston, Inc.
All Rights Reserved
Library of Congress Catalog Card Number: 73-177527
Printed in the United States of America

ISBN 0-03-085975-1
2345678 090 987654321

TO THE MEMORY OF
DAVID ALEKSANDROVICH DJAPARIDZE

PREFACE

Although a student of Russian encounters problems of sentence structure from the earliest stages of his studies, a systematic presentation of Russian syntax has been singularly neglected by textbook writers. A beginner is faced, for instance, with such sentences as: мне холодно; становится жарко; здесь нет места; but a comprehensive analysis of the role of impersonal sentences in the Russian language is not readily available to the student.

This book, aimed at an intermediate level of instruction, is meant to fill this gap. It is concerned with the simple sentence. It is designed for a one semester course, after which the student will be able to proceed towards a deeper understanding of compound sentences.

The book consists of twelve chapters and each chapter is divided into five parts: 1) a reading passage followed by a selective vocabulary and questions to stimulate oral discussion, 2) grammar explanations, 3) syntactical exercises, 4) stylistic questions and 5) translation from English into Russian.

The reading passages have been selected with two views in mind: to assemble as wide and varied a selection of styles and topics as space permitted and, to relate the reading matter in each chapter as far as possible to the grammar questions concurrently discussed.

Vocabulary used in syntactical exercises and in translations from English into Russian, as well as the illustrative material presented in the discussion of grammatical problems have been drawn — as far as possible — from the reading passage of the same chapter and of preceding chapters. It is hoped that the repeated usage of already encountered words will facilitate the student's retention of a constantly growing vocabulary.

The stylistic questions and exercises supplement the syntactical material by drawing the student's attention to specific problems of style encountered in the reading passages. For instance, synonyms and homonyms are presented, various usages of prepositions and prefixes are discussed, deviations of Russian terminology from English are pointed out and idiomatic expressions are analyzed.

Each chapter is supplied with a selective vocabulary and a complete Russian-English vocabulary will be found at the end of the book. Verbs have been listed in the aspect in which they are first encountered in the text, followed by the alternative infinitives. The English-Russian vocabulary provides all words used in the translation exercises. Here, verbs are listed in their imperfective aspects first.

I am indebted to the University of Michigan Press for their permission to use, in Chapter 11, the passage from their 1959 edition of Boris Pasternak's "Dr. Zhivago."

I acknowledge with sincere gratitude the helpful advice of my colleagues Professors Richard Burgi, Herman Ermolaev and Joachim Baer, and the attentive and eager cooperation of my students at Princeton University where a preliminary version of this book has been used for the past two years.

My special thanks go to Mrs. H. Elizabeth Skaar, Secretary of the Department of Slavic Languages and Literatures at Princeton University for the exceptional quality of her work.

Table of Contents

Preface **vii**

PART I: *The Principal Components of the Sentence*

CHAPTER 1: *The Subject*
    Reading: from Kroney Chukovsky's book Живой как жизнь · **3**
        Questions; Vocabulary
    Grammar · **6**
        Syntactical Exercises; Problems in Stylistics
    Translation · **12**

CHAPTER 2: *The Verbal Predicate*
    Reading: from I. A. Bunin's story Господин из Сан-Франциско · **14**
        Questions; Vocabulary
    Grammar · **18**
        Syntactical Exercises; Problems in Stylistics
    Translation · **23**

CHAPTER 3: *The Nominal Predicate*
    Reading: from N. S. Krushchev's speech about Stalin О Сталине · **25**
        Questions; Vocabulary
    Grammar (*Part I*) · **29**
        Syntactical Exercises; Problems in Stylistics
    Grammar (*Part II*) · **34**
        Syntactical Exercises (*Cont'd*); Problems in Stylistics (*Cont'd*)
    Translation · **38**

CHAPTER 4: *Agreement of Predicate and Subject in Person and Gender*
    Reading: from Maxim Gorky's book Сказки об Италии · **40**
        Questions; Vocabulary
    Grammar · **44**
        Syntactical Exercises; Problems in Stylistics
    Translation · **50**

CHAPTER 5: *Agreement of Predicate and Subject in Number*
    Reading: from A. P. Chekhov's book Остров Сахалин · **52**
        Questions; Vocabulary
    Grammar · **56**
        Syntactical Exercises; Problems in Stylistics
    Translation · **61**

PART II: *Dependent Elements of a Sentence*

CHAPTER 6: *The Attribute*
    Reading: from L. N. Tolstoy's novel Война и мир · **65**
        Questions; Vocabulary
    Grammar · **68**
        Syntactical Exercises; Problems in Stylistics
    Translation · **75**

CHAPTER 7: *The Object*
    Reading: from M. A. Sholokhov's novel Тихий Дон · **77**
        Questions; Vocabulary
    Grammar · **81**
        Syntactical Exercises; Problems in Stylistics
    Translation · **86**

CHAPTER 8: *Adverbial Modifiers*
    Reading: from the article **В небе Ленинграда** · **87**
        Questions; Vocabulary
    Grammar · **91**
        Syntactical Exercises; Problems in Stylistics
    Translation · **97**

PART III: *Sentence Types*

CHAPTER 9: *Coordinate Parts of a Sentence*
    Reading: from G. S. Petrossian's book **Внерабочее время трудящихся в СССР** · **101**
        Questions; Vocabulary
    Grammar · **104**
        Syntactical Exercises; Problems in Stylistics
    Translation · **111**

CHAPTER 10: *The Order of Words in a Simple Two-Part Sentence*
    Reading: from V. Dudintsev's novel **Не хлебом единым** · **113**
        Questions; Vocabulary
    Grammar · **117**
        Syntactical Exercises; Problems in Stylistics
    Translation · **123**

CHAPTER 11: *The One-Part Sentence*
    Reading: from B. Pasternak's novel **Доктор Живаго** · **125**
        Questions; Vocabulary
    Grammar · **129**
        Syntactical Exercises; Problems in Stylistics
    Translation · **138**

CHAPTER 12: *Incomplete Sentences; Parenthetic Words, Word Groups and Sentences*
    Reading: from newspaper reports on the First Moon Landing: **Первые Земляне на Луне** · **139**
        Questions; Vocabulary
  Grammar · **143**
        Syntactical Exercises; Problems in Stylistics
  Translation · **147**

Vocabularies: Russian-English · **149**
        English-Russian · **191**

INTERMEDIATE RUSSIAN

Introduction to Russian Syntax

PART I

The Principal Components of the Sentence

CHAPTER 1

The Subject

Чте́ние: из кни́ги *Живо́й как жизнь*

Ру́сский язы́к, как и вся́кий здоро́вый и си́льный органи́зм, весь в движе́нии, в дина́мике непреры́вного ро́ста.

Одни́ его́ слова́ отмира́ют, други́е рожда́ются, тре́тьи из областны́х и жарго́нных стано́вятся литерату́рными, четвёртые из литерату́рных ухо́дят наза́д — в просторе́чие, пя́тые произно́сятся совсе́м по-друго́му, чем произноси́лись лет со́рок наза́д, шесты́е тре́буют други́х падеже́й, чем э́то бы́ло, ска́жем, при Жуко́вском и Пу́шкине.

Нет ни на миг остано́вки, и не мо́жет быть остано́вки. Здесь всё дви́жется, всё течёт, всё меня́ется.

Огу́лом осужда́я совреме́нную речь, мно́гие побо́рники её чистоты́ лю́бят призыва́ть молодёжь:

— Наза́д к Пу́шкину!

Как не́когда их отцы́ призыва́ли:

— Наза́д к Карамзину́!

А их де́ды:

— Наза́д к Ломоно́сову!

Э́ти призы́вы никогда́ не быва́ли услы́шаны.

Коне́чно, Пу́шкин на ве́ки веко́в чудотво́рно преобрази́л на́шу речь, прида́в ей прозра́чную я́сность, золоту́ю простоту́, музыка́льность, и мы у́чимся у него́ до после́дних седи́н и храни́м его́ заве́ты как святы́ню, но в его́ ле́ксике не́ было и быть не могло́ ты́сячи драгоце́ннейших оборо́тов и слов, со́зданных бо́лее по́здними поколе́ниями ру́сских люде́й.

Иногда́ привы́чные слова́ вдруг приобрета́ют но́вый смысл, кото́рый бо́лее актуа́лен, чем пре́жний. Таково́,[1] наприме́р,

---

[1] For discussion of **таково́** see p. 34.

CHAPTER ONE

сло́во спу́тник, кото́рое внеза́пно прогреме́ло на всех контине́нтах в ка́честве всеми́рного те́рмина, применя́емого к иску́сственным небе́сным тела́м, из-за чего́ первонача́льное, ста́рое, «земно́е» значе́ние э́того сло́ва сра́зу потускне́ло и зача́хло. В на́шей стране́ уже́ растёт поколе́ние, кото́рое да́же не слыха́ло² о том, что в жи́зни быва́ют спу́тники, не име́ющие отноше́ния к ко́смосу.

Да и взро́слые, наско́лько удало́сь мне заме́тить, избега́ют употребля́ть э́то сло́во в том смы́сле, в како́м оно́ употребля́лось до за́пуска иску́сственных спу́тников. Мо́жно быть твёрдо уве́ренным, что в настоя́щее вре́мя Го́рький не озагла́вил бы своего́ расска́за «Мой спу́тник», а Ве́ра Пано́ва не назвала́ бы свое́й по́вести «Спу́тники».

И́бо э́то сло́во переродило́сь в оди́н-еди́нственный день, нанеся́ непоправи́мый уще́рб своему́ первонача́льному смы́слу.

То́чно така́я же судьба́ пости́гла сло́во шофёр. Совреме́нному чита́телю ка́жется фантасти́чески стра́нной фра́за Григоро́вича, ска́занная в 1845 году́ Достое́вскому:

— Я ваш клакёр — шофёр.

Автомоби́лей тогда́ и в поми́не не́ было.³ Так что, называ́я себя́ шофёром Достое́вского, Григоро́вич отню́дь не хоте́л сказа́ть, что он води́тель персона́льной маши́ны а́втора «Бе́дных люде́й». Францу́зское сло́во шофёр (chauffeur) зна́чило тогда́ кочега́р, исто́пник (буква́льно: «тот, кто согрева́ет»). Григоро́вич и́менно э́ту роль и припи́сывал себе́ — роль разогрева́теля сла́вы своего́ вели́кого дру́га.

Но вот во Фра́нции появи́лись автомоби́ли, и сло́во шофёр получи́ло но́вый, неожи́данный смысл, а ста́рый понемно́гу позабы́лся, и тепе́рь во всём ми́ре оно́ означа́ет: води́тель автомоби́льного тра́нспорта.

К. Чуко́вский
Москва́, 1962 г.

---

[2] **слыха́ть**, *to hear*, is used only, as here, in the past tense or, in impersonal sentences in the infinitive (see pp. 133–4) for instance: **ничего́ не слыха́ть**, *nothing has been heard*. Note also: **неслы́ханный успе́х**, *unheard of success*; **неслы́ханные це́ны**, *unheard of* (outrageous) *prices*.

[3] The archaic **поми́н**, *remembrance*, is retained in several colloquial expressions, as, here: **и в поми́не не́ было**, *there was no trace of*; or: **лёгок на поми́не**, *speaking of the devil*.

ПЕРВАЯ ГЛАВА

ВОПРОСЫ

1. Какие перемены постоянно происходят в русском языке?
2. К чему некоторые поборники чистоты речи призывают молодёжь?
3. К чему призывали молодёжь отцы и деды этих современных поборников?
4. Что Пушкин сделал для русского языка?
5. Чего не было и не могло быть в лексике Пушкина?
6. Что произошло со словом «спутник»?
7. Чего, видимо, избегают взрослые в настоящее время?
8. Чего ни Горький ни Вера Панова не сделали бы в настоящее время?
9. Какую фразу Григоровича в наше время трудно понять?
10. Объясните, почему.

VOCABULARY

актуа́льный   timely, topical
взро́слый   grown up, adult
волк   wolf
драгоце́нный   precious
жарго́нный   slangy
живо́тное   animal
заве́т   precept, behest
за́пуск   launching
зача́хнуть, -ут   to wither; ча́хнуть, -ут *imp.*
земно́й   earthy, terrestrial
избега́ть, -ю́т   to avoid; избежа́ть, избегу́т *pf.*
иску́сственный   artificial
исто́пник   furnace man
ка́чество   quality; в ка́честве   in the capacity of
кочега́р   stoker (of furnace)

лиси́ца   fox, (*female*)
медве́дь *m.*   bear
миг   moment, instant
молодёжь *f.*   young people
мо́лодость *f.*   youth (referring to age)
нанести́, -у́т   to inflict, cause; наноси́ть, -ят *imp.*
нау́ка   science
небе́сный   celestial
непоправи́мый   irreparable
непреры́вный   uninterrupted
областно́й   regional
оборо́т   expression, phrase; *also*: turn, turnover, back side
огу́лом   in toto
озагла́вить, -ят   to give title; озагла́вливать *imp.*

5

CHAPTER ONE

осужда́ть, -ют   to condemn, censure; осуди́ть, -ят *pf.*
отмира́ть, -ют   to die off, atrophy; отмере́ть, отомру́т *pf.*
отноше́ние   relationship
отню́дь не   by no means
переродиться, -я́тся   to regenerate; to become new; перерожда́ться, -ются *imp.*
переры́в   break, intermission
побо́рник   advocate, champion
поколе́ние   generation
поми́н: в поми́не нет   there is no trace of
понево́ле   willy-nilly
после́довательность *f.*   continuity, sequence
пости́гнуть, -ут   to befall; *also*: to comprehend; постига́ть, -ют *imp.*
постоя́нный   constant, permanent
потускне́ть, -ют   to tarnish, grow dull; тускне́ть, -ют *imp.*
преоблада́ть, -ют   to predominate *imp. only*
придава́ть, -ю́т   to add, impart; прида́ть, придаду́т *pf.*
призыва́ть, -ют   to summon, urge; призва́ть, призову́т *pf.*
применя́ть, -ют   to apply, use; примени́ть, -ят *pf.*
приобрета́ть, -ют   to acquire; приобрести́, приобрету́т *pf.*
припи́сывать, -ют   to ascribe, attribute; приписа́ть, припи́шут *pf.*
прогреме́ть, -я́т   to thunder, resound; греме́ть, -я́т *imp.*
прозра́чный   limpid, transparent
просторе́чие   popular speech
пти́ца   bird
разогрева́ть, -ют   to warm up, heat; разогре́ть, -ют *pf.*
связь *f.*   connection
святы́ня   holy thing
седина́   grey hair; дожи́ть до седи́н   to reach old age
сла́ва   fame
согрева́ть, -ют   to warm; согре́ть, -ют *pf.*
спра́ва   from the right
спу́тник   satellite; companion, fellow-traveller
су́тки *pl. only*   twenty-four hour period
те́ло   body
течь, теку́т   to flow
уве́ренный   confident
уще́рб   damage, detriment, loss
храни́ть, -я́т   to keep, preserve; сохрани́ть, -я́т *pf.*
чте́ние   reading
чудотво́рный   wonder working
я́сность *f.*   clarity

Грамма́тика: Подлежа́щее

A.   The subject may be expressed by the nominative case of the following parts of speech:

a) Noun:

Язы́к нахо́дится в непреры́вном движе́нии.   Language is constantly changing (is in constant motion).

b) Pronoun:

Всё меня́ется.	Everything changes.
Никто́ э́того не зна́ет.	No one knows this.

Frequently the subject is expressed by a possessive pronoun used as a noun, for instance: **мой, твой, свой, наш, ваш.**

Мой не отвеча́ли на пи́сьма.	My folks (relatives) did not answer the letters.
На́ши атакова́ли.	Our people attacked.
Свой своему́ понево́ле брат.	Blood is thicker than water.
	(*Proverb*)

c) An adjective or a participle used as a noun, frequently in the neuter gender:

Ста́рое сменя́ется но́вым.	The old is replaced by the new.
Взро́слые избега́ют употребля́ть слово спу́тник в ста́ром значе́нии.	Adults avoid using the word "sputnik" in its old meaning.
Осужда́ющие совреме́нную речь призыва́ют молодёжь верну́ться к языку́ Пу́шкина.	Those who censure contemporary speech urge youth to return to the language of Pushkin.

d) Numeral:

   (1) a cardinal numeral:

Сто де́лится на де́сять.	Hundred is divisible by ten.

   (2) an ordinal numeral:

Тре́тий спра́ва оказа́лся мои́м знако́мым.	The third to the right turned out to be my acquaintance.

   (3) a collective numeral:

Дво́е учи́лись хорошо́.	Two (people) studied well.

B. The subject may also be expressed by:

a) Infinitive:

Поня́ть фра́зу, ска́занную Григо́ровичем Достое́вскому в 1845 году́, сего́дня тру́дно.	It is difficult to understand today the phrase addressed by Grigorovich to Dostoyevsky in 1845.

b) A whole word-group:

Их «**Наза́д к Пу́шкину**» не́ было услы́шано.	Their "Back to Pushkin" was not heeded (heard).

CHAPTER ONE

Оди́н из нас отве́тил.	One of us answered.
Собрало́сь о́коло ста челове́к.	About a hundred people gathered.
Вот бо́лее актуа́льный смысл э́того сло́ва.	Here is a more timely meaning of this word.

As can be seen from these examples, a word-group is a combination of two or more words—each with full, independent meaning of its own—which together form a homogeneous, meaningful designation and serve as building material of a sentence. While, for example, **бо́лее актуа́льный смысл** is a word-group, **бо́лее актуа́льный** is not, since **бо́лее** has no independent meaning of its own.

C. Furthermore the subject may be expressed by the following word-groups which then form an indivisible part of the sentence:

   a) A personal pronoun combined with a definitive pronoun:

Я сам туда́ пойду́.	I shall go there myself.
Она́ вся в пыли́.	She is (all) covered with dust.
Они́ все вы́шли.	They all went out.

   b) A demonstrative pronoun combined with a definitive pronoun:

Всё э́то стра́нно.	All this is very strange.

A pronoun may, of course, also enter the composition of the subject in combination with a noun.

   c) Indefinite pronouns formed from **кто** or **что** with an adjective. Indefinite pronouns formed from **кто**, such as **кто-то**; **кто-нибудь**; **кое-кто**, *some people*, must be combined with the *masculine* gender of an adjective:

кто́-то си́льный, энерги́чный	somebody strong, energetic

and indefinite pronouns derived from **что**, such as **что-то, что-нибудь, ко́е-что** with the adjective's *neuter* gender:

ко́е-что интере́сное	some interesting things

D. It is mandatory to use the genitive plural of a *masculine* or *neuter* adjective or participle which—used as a noun—forms the subject in combination with *any* cardinal numeral:

два вое́нных	two servicemen
пять слу́жащих	five employees

The numerals 2, 3, 4, may, however, be combined with the nominative case of a *feminine* adjective or participle which is used as a noun and serves as the subject. One can say: **две, три, четы́ре столо́вые**, *dining rooms*—instead of **столо́вых**. However, the second variant is more common in contemporary Russian.

a) Collective numerals are used *only* with the masculine or neuter gender of nouns or of substantivized adjectives or participles in the *plural genitive* case:

дво́е побо́рников	two advocates
че́тверо живо́тных	four animals

The same rule applies to nouns which are used only in the plural (including **де́ти** and **лю́ди**):

дво́е но́жниц	two pairs of scissors
че́тверо люде́й	four people

(but, of course: **два, три, четы́ре челове́ка, пять челове́к**).

b) Feminine nouns and *all* nouns denoting animal species cannot be used with collective numerals, only with cardinal numerals:

две ло́шади	two horses
три до́чери	three daughters
два во́лка	two wolves
пять медве́дей	five bears

An exception to this rule concerning animal species form nouns denoting the young of animals, such as **щено́к** (*pl.* щеня́та); **котёнок** (*pl.* котя́та); **телёнок** (*pl.* теля́та).

It is possible to say:

тро́е щеня́т	three puppies
пя́теро котя́т	five kittens
дво́е теля́т	two calves

SYNTACTICAL EXERCISES

I. *Read the following sentences adapted from the reading passage. Find the subject in each sentence and indicate what part of speech it represents:*

1. Ру́сский язы́к весь в движе́нии. **2.** Одни́ слова́ отмира́ют, други́е рожда́ются. **3.** Мно́гие побо́рники чистоты́ ре́чи осужда́ют совреме́нную речь. **4.** Они́ лю́бят призыва́ть молодёжь: «Наза́д к

CHAPTER ONE

Пу́шкину!» **5.** Пу́шкин прида́л ру́сской ре́чи прозра́чную я́сность, золоту́ю простоту́, музыка́льность. **6.** Всё э́то для нас святы́ня. **7.** Все мы у́чимся у него́ до после́дних седи́н. **8.** Но бо́лее по́здние поколе́ния ру́сских люде́й со́здали ты́сячи но́вых оборо́тов и слов. **9.** Одни́м из таковы́х явля́ется сло́во спу́тник. **10.** Первонача́льное значе́ние э́того сло́ва сра́зу потускне́ло и зача́хло. **11.** Така́я же судьба́ пости́гла сло́во шофёр. **12.** В 1845 году́ Григоро́вич сказа́л Достое́вскому: «Я ваш клакёр-шофёр». **13.** Гла́вное в э́той фра́зе — то, что Григоро́вич счита́л себя́ «разогрева́телем» сла́вы Достое́вского. **14.** Но вот во Фра́нции появи́лись автомоби́ли. **15.** Сло́во шофёр получи́ло но́вый, неожи́данный смысл. **16.** Ста́рый смысл понемно́гу позабы́лся.

II. *Fill in the blanks with the missing subject. The part of speech to be used is indicated in the brackets.*

1. Здоро́вый органи́зм непреры́вно растёт; ___ (*personal pron. combined with a definitive pron.*) в движе́нии. **2.** ___ (*personal pron.*) храни́ли заве́ты Пу́шкина. **3.** Внеза́пно ___ (*infinitive*) для сло́ва зна́чит вдруг потеря́ть первонача́льный смысл. **4.** ___ (*adj. used as noun*) э́то то, что невозмо́жно попра́вить. **5.** ___ (*noun*) тепе́рь явля́ется всеми́рным те́рмином. **6.** По́сле рабо́ты ___ (*participle used as noun*) заво́да занима́ются спо́ртом. **7.** ___ (*collective numeral, preposition* из *and personal pron.*) лю́бят игра́ть в те́ннис. **8.** ___ (*definitive pron. and personal pron.*) живу́т недалеко́ от заво́да. **9.** По́мощь мне не нужна́; ___ (*personal pron. with definitive pron.*) всё сде́лаю. **10.** В э́том до́ме ___ (*numeral 3 with fem. substantivized adj.*).

III. *Complete the sentences using the correct form of the words in parentheses. Write out the numerals and use, wherever possible, collective numerals. Explain your choice.*

1. У печи́ 5 (исто́пник). **2.** В э́том магази́не 40 (слу́жащий) и 3 (шофёр-води́тель). **3.** В шко́ле 152 (де́вушка). **4.** У э́той же́нщины 4 (де́ти). **5.** 2 (лиси́ца) пробежа́ли ми́мо меня́. **6.** У меня́ 3 (часы́). **7.** На э́том де́реве 4 (пти́ца). **8.** В э́том до́ме мно́го магази́нов — 2 (парикма́херская) и 3 (портно́й). **9.** В лесу́ 2 (медве́дь). **10.** На шко́льном спекта́кле то́лько 6 (взро́слый). **11.** 2 (су́тки) состоя́т из сорока́ восьми́ часо́в. **12.** В углу́ ко́мнаты 3 (щено́к) и 2 (соба́ка). **13.** У э́той де́вочки 3 (живо́тное). **14.** 2 (котёнок) под де́ревом. **15.** В э́том кла́ссе 35 (уча́щийся).

PROBLEMS IN STYLISTICS

A. *State synonyms for the words:*
смысл • язы́к • те́рмин • просторе́чие • пости́гнуть

Indicate antonyms for the words:
земно́й • рожда́ться • движе́ние

B. Chukovsky writes in the beginning of the reading passage: "Ру́сский язы́к . . . весь в движе́нии, в дина́мике **непреры́вного** ро́ста."
Let us compare this word with others close in meaning:

непреры́вный, *uninterrupted*, stresses the absence of interruptions in time or breaks in space.

постоя́нный means *constant, permanent*.

непреста́нный, *incessant*, stresses continuity in time, prolonged duration of action.

Fill in the blanks with appropriate choice among the three words. Indicate where several variants are possible.

1. С утра́ до ве́чера с фа́брики доноси́лся ____ шум.
2. Я дал ему́ мой ____ а́дрес.
3. На горизо́нте видне́лась ____ цепь лесо́в.
4. От ____ ве́тра у него́ разболе́лась голова́.
5. Он до́лго был ____ жи́телем в э́том го́роде.
6. От ____ труда́ она́ бы́стро соста́рилась.
7. Он ____ избега́л встре́чи со свое́й бы́вшей жено́й.
8. С пра́вой стороны́ у́лицы тяну́лся ____ ряд ста́рых, се́рых забо́ров.

C. Chukovsky says that the word "sputnik" suddenly changed, "нанеся́ непоправи́мый **уще́рб** своему́ первонача́льному смы́слу."
Other nouns close in meaning to **уще́рб** are: **поте́ря, убы́ток, утра́та.**
All four words correspond to the English word *loss*, but with essential differences in shades of meaning.

CHAPTER ONE

Ущéрб, *loss, damage, detriment*, stresses a gradual decrease, progressive weakening. Note:

    Лунá на ущéрбе.   The moon is waning.
    в ущéрб комý, чемý   to the detriment of someone or something

Потéря (from the verb **терять**, *to lose*) is used accordingly:

    потéря блúзкого человéка   loss of a close friend
    потéря убúтыми   fatal losses
    потéря врéмени   loss, waste of time

Убы́ток means *material loss, deficit*:

    нестú, понестú убы́тки   to suffer losses
    торговáть в убы́ток   to trade at a loss

Утрáта, *deprivation, bereavement*—for instance, loss of energy, of connections, of a distinguished person.

Fill in the blanks with the appropriate word.

1. _____ его́ любви́ начался́ незадо́лго по́сле сва́дьбы.
2. Он был глубоко́ потрясён _____ ма́тери.
3. В конце́ го́да _____ магази́на оказа́лись значи́тельными.
4. _____ здоро́вья заста́вила его́ вы́йти в отста́вку.
5. Я отка́зываюсь де́йствовать в _____ бли́зкому челове́ку.
6. По́сле сраже́ния _____ с обе́их сторо́н оказа́лись огро́мными.
7. _____ бы́ли насто́лько велики́, что банкро́тство ба́нка сде́лалось неизбе́жным.
8. Она́ не позволя́ла себе́ ду́мать о _____ мо́лодости.
9. Смерть э́того вели́кого учёного явля́ется _____ для нау́ки.
10. Я счита́ю э́тот разгово́р _____ вре́мени.

Form one sentence each with the four nouns discussed above.

TRANSLATION

Translate into Russian.

1. By no means does our side condemn young people, the young generation. **2.** I have reached old age and I now understand the irreparable mistakes which I made in my youth. **3.** — Is "Mine" here? — (thus) the old woman used to ask about her husband. **4.** We all remain advocates of these precepts; their meaning will not wither and tarnish. **5.** There is no trace of continuity in the relationship(s) of these two people. **6.** I attribute this to a loss of clarity and simplicity. **7.** The launching of artificial celestial bodies is one of the timely questions of our day. **8.** Some slangy and regional words acquire literary meaning; others die off. **9.** Gorky gave one of his short stories the title "My sputnik." **10.** Some people among (из) the older generation urge us to preserve the purity and clarity of language. **11.** They all tell us some interesting things about literary language and popular speech. **12.** All this is important for our understanding of how language changes and words get new meaning (*use* regenerate). **13.** The same fate befell the words "sputnik" and "chauffeur." **14.** Both acquired a completely different meaning. **15.** The original meaning of "chauffeur" was "a person who warms," in other words—a furnace man or stoker.

CHAPTER 2

The Verbal Predicate

Чтение: из рассказа *Господин из Сан-Франциско*

Был конец ноября, до самого Гибралтара пришлось плыть то в ледяной мгле, то среди бури с мокрым снегом, но плыли вполне благополучно. Пассажиров было много, пароход — знаменитая «Атлантида» — был похож на громадный отель со всеми удобствами, — с ночным баром, с восточными банями, с собственной газетой, — и жизнь на нём протекала весьма размеренно: вставали рано, при трубных звуках, резко раздававшихся по коридорам ещё в тот сумрачный час, когда так медленно и неприветливо светало над серо-зелёной водяной пустыней, тяжело волновавшейся в тумане; накинув фланелевые пижамы, пили кофе, шоколад, какао; затем садились в мраморные ванны, делали гимнастику, возбуждая аппетит и хорошее самочувствие, совершали дневные туалеты и шли к первому завтраку; до одиннадцати часов полагалось бодро гулять по палубам, дыша холодной свежестью океана, или играть в шеффльборд и другие игры для нового возбуждения аппетита, а в одиннадцать — подкрепляться бутербродами с бульоном; подкрепившись, с удовольствием читали газету и спокойно ждали второго завтрака, ещё более питательного и разнообразного, чем первый; следующие два часа посвящались отдыху; все палубы были заставлены тогда длинными камышовыми креслами, на которых путешественники лежали, укрывшись пледами, глядя на облачное небо и на пенистые бугры, мелькавшие за бортом, или сладко задрёмывая; в пятом часу их, освежённых и повеселевших, поили крепким душистым чаем с печеньями; в семь повещали трубными

ВТОРАЯ ГЛАВА

сигна́лами о том, что составля́ло главне́йшую цель всего́ э́того существова́ния, вене́ц его́...

30 По вечера́м этажи́ «Атланти́ды» зия́ли во мра́ке как бы о́гненными несме́тными глаза́ми, и вели́кое мно́жество слуг рабо́тало в поварски́х, судомо́йнях и ви́нных подва́лах. Океа́н, ходи́вший за стена́ми, был стра́шен, но о нём не ду́мали, тве́рдо ве́ря во власть над ним команди́ра, ры́жего челове́ка
35 чудо́вищной величины́ и гру́зности, всегда́ как бы со́нного, похо́жего в своём мунди́ре с широ́кими золоты́ми наши́вками на огро́много и́дола и о́чень ре́дко появля́вшегося на лю́ди из свои́х та́инственных поко́ев; на ба́ке помину́тно взвыва́ла с а́дской мра́чностью и взви́згивала с неи́стовой зло́бой
40 сире́на, но немно́гие из обе́дающих слы́шали сире́ну — её заглуша́ли зву́ки прекра́сного стру́нного орке́стра, изы́сканно и неуста́нно игра́вшего в мра́морной двухсве́тной за́ле,[1] пра́зднично зали́той огня́ми, перепо́лненной декольти́рованными да́мами и мужчи́нами во фра́ках и смо́кингах, стро́й-
45 ными лаке́ями и почти́тельными метрдоте́лями, среди́ кото́рых оди́н, тот, что принима́л зака́зы то́лько на ви́на, ходи́л да́же с це́пью на ше́е, как лордмэ́р...

Обе́д дли́лся бо́льше ча́са, а по́сле обе́да открыва́лись в ба́льной за́ле[1] та́нцы, во вре́мя кото́рых мужчи́ны, задра́в
50 но́ги, реша́ли на основа́нии после́дних биржевы́х новосте́й су́дьбы наро́дов, до мали́новой красноты́ наку́ривались гава́нскими сига́рами и напива́лись ликёрами в ба́ре, где служи́ли не́гры в кра́сных камзо́лах, с белка́ми, похо́жими на облу́пленные круты́е я́йца.

И. А. Бу́нин
Васи́льевское, 1915 г.

ВОПРОСЫ

1. Когда́ начало́сь путеше́ствие «Атланти́ды»?
2. Како́й э́то был парохо́д?

---

[1] In the present-day Russian speech "за́ла" is used in the masculine gender зал: **в мра́морном, в ба́льном за́ле**.

CHAPTER TWO

3. Что пассажиры делали рано утром?
4. Что они делали в одиннадцать часов утра?
5. Что они делали после второго завтрака?
6. Когда их пойли чаем?
7. Опишите «Атлантиду» вечером.
8. Что Бунин пишет о командире парохода?
9. Где пассажиры обедали?
10. Что делали мужчины после обеда?

VOCABULARY

адский   infernal
бак   forecastle; *also:* boiler tank
баня   bath house
бар   bar
белок   white of eye; *also:* egg white
биржевой *adj.*   stock exchange
бодрый   brisk, cheerful
борт   side; за бортом   overboard
бугор (*pl.* бугры)   mound
бутерброд   sandwich
ванна   bath tub
величина   size, quantity
венец   crown, wreath
взвизгивать, -ют   to scream; взвизгнуть, -ут *pf.*
взывать, -ют   to howl; взвыть, взвоют *pf.*
возбуждать, -ют   to excite, stimulate; возбудить, -ят *pf.*
возбуждение   stimulation
волноваться, волнуются   to be agitated; заволноваться, -уются *pf.*
гимнастика   gymnastic exercises
грузность   corpulence, bulk
декольтированный   low necked
длительный   prolonged, lengthy
длиться, длятся   to last; продлиться, -ятся *pf.*
душистый   fragrant
заглушать, -ют   to muffle; заглушить, -ат *pf.*
задрать, -ут   to lift up, raise; задирать, -ют *imp.*
задрёмывать, -ют   to doze off; задремать, задрёмлют *pf.*
залитый   inundated
заставлять, -ют   to block up; *also:* to force, compel; заставить, -ят *pf.*
зиять, -ют   to gape, yawn
злоба   anger, spite
идол   idol
изысканный   refined

ВТОРАЯ ГЛАВА

камзо́л (*archaic*) coat
камы́ш cane, reed; камышо́вое кре́сло cane chair
кре́пкий strong
круто́й hard boiled (*for other meanings see end-vocabulary*)
ледяно́й icy
мали́новый crimson
мгла haze, dusk
мелька́ть, -ют to flash; мелькну́ть, -у́т *pf.*
метрдоте́ль head waiter
мрак total darkness
мра́морный *adj.* marble
мра́чность gloom
мунди́р uniform
наки́нуть, -ут to slip on, throw on; наки́дывать, -ют *imp.*
наку́риваться, -ются to smoke a great deal; накури́ться, -ятся *pf.*
напива́ться, -ются to drink a great deal; напи́ться, напью́тся *pf.* to get drunk
наши́вка (золота́я) gold stripe
негр negro
неи́стовый violent, frantic
несме́тный countless
неуста́нный tireless
облупля́ть, -ют to shell (egg); облупи́ть, -ят *pf.*
па́луба deck
пе́нистый foamy
пече́нье cookie
пита́тельный nourishing
плед plaid blanket
пова́рска́я cook's room
повеща́ть, -ют to announce, communicate; повести́ть, -я́т *pf.*
подва́л cellar
подкрепля́ться, -ются to refresh, fortify oneself; подкрепи́ться, -я́тся *pf.*

пои́ть, -я́т to give to drink; напои́ть, -я́т *pf.*
поко́и *pl.* (*archaic*) quarters, chambers
полага́ется one is supposed to
посвяща́ться, -ются to be dedicated, assigned to; посвяти́ться, -я́тся *pf.*
почти́тельный deferential
пра́здничный festive
протека́ть, -ют to flow, elapse, pass; проте́чь, протеку́т *pf.*
пусты́ня desert
раздава́ться, -ю́тся to resound; *also*: to make way; to be distributed; разда́ться, раздаду́тся *pf.*
разме́ренный measured
разнообра́зный diverse, elaborate
распространённый widespread
ре́зкий harsh, shrill
ры́жий red haired
самочу́вствие (хоро́шее) feeling of well-being
света́ть to dawn
сире́на siren
смо́кинг dinner jacket
соверша́ть, -ют to accomplish, perform; соверши́ть, -а́т *pf.*
со́нный sleepy
составля́ть, -ют to constitute, be; *also*: to compose, form; соста́вить, -ят *pf.*
стро́йный slender
стру́нный *adj.* string
судомо́йня scullery
су́мрачный dusky, gloomy
тру́бный *adj.* trumpet
удо́бство comfort, convenience
флане́левый *adj.* flannel
фрак tailcoat
чудо́вищный monstrous

17

CHAPTER TWO

Грамматика: Глагольное сказуемое

A. The most common type of predicate is the predicate expressed by a verb
    a) In the indicative mood
        (1) in the present tense:

Есть слова́, кото́рые внеза́пно **меня́ют** своё значе́ние.	There are words which suddenly change their meaning.

        (2) in the past tense
        imperfective aspect:

На ба́ке помину́тно **взвыва́ла** сире́на.	Every minute the siren howled in the forecastle.

        perfective aspect:

На ба́ке вдруг **взвы́ла** сире́на.	Suddenly the siren howled in the forecastle.

        (3) in the future tense
        imperfective aspect:

Пассажи́ры **бу́дут танцева́ть** в ба́льном за́ле.	The passengers will be dancing in the ball room.

        perfective aspect:

По́сле обе́да в ба́льном за́ле **откро́ются** та́нцы.	After dinner dancing will start (will open) in the ball room.

    b) In the imperative mood:

Встава́йте — уже́ по́здно!	Get up—it's late already.
Принеси́те мне бутербро́д!	Bring me a sandwich.

    c) In the subjunctive mood:

В настоя́щее вре́мя Го́рький **не озагла́вил бы** своего́ расска́за «Мой спу́тник».	At the present time Gorky would not have given the title "My Co-traveller" to his story.

    d) In the imperfective infinitive, to describe a prolonged, energetically begun action:

Обе́д гото́в — а вы **чита́ть** газе́ту!	Dinner is ready—and you turn to the paper!

ВТОРАЯ ГЛАВА

While each of the above four groups of predicate forms a *simple* verbal predicate, the infinitive combined with a copulative verb such as **стать, начинáть, кóнчить, перестáть, продолжáть** or an auxiliary, for instance modal verb such as **хотéть, надéяться**, form a *compound* verbal predicate.

Трýбные звýки **стáли** раздавáться.	The sounds of the horn began to resound.
Пассажи́ры **надéялись** отдохнýть.	The passengers hoped to get some rest.

B. A student familiar with the basic principles governing the use of aspect, tense and mood of the Russian language, reviewed above, should now familiarize himself with some finer points of verbal usage.

a) <u>The Imperfective Aspect</u>, besides its basic function of expressing a repetitive, continuous or uncompleted action, also serves the purpose of stressing the speaker's interest in the factual execution of an action, severing it from any possible results, circumstances or consequences. This is particularly common in the past tense.

<u>Ты взял</u> мои́ дéньги? — Нет, я **не брал**.	<u>Did you take</u> my money? — No, I *did not*.

The question seeks to determine the circumstances, the identity of the person who took the money, hence the use of the perfective aspect. The answer stresses only that the taking did *not* take place, hence the imperfective is used. Another example:

Я вспóмнил, что я ужé **читáл** э́ту кни́гу.[1]	I remembered that I *had* read this book (I am familiar with it).

With verbs of motion, such use of the imperfective aspect may not only stress the factual execution of the motion, but also imply that the reverse motion has taken place. The question: *Did you open the window?* would be formulated:

Вы открывáли окнó?

if the window is by now closed. And:

Вы откры́ли окнó?

if the window is still open.

---

[1] Compare with: Я почитáл часá два.   I read for about two hours.
                  Я прочитáл э́ту кни́гу.   I read (and finished) this book.

19

b) The Present tense may be introduced into a narrative of the past in order to put a scene more vividly before our eyes. This is as common in the English language as it is in Russian and therefore needs no additional comment.

However, the present tense may also be used with the particle **быва́ло**[2] instead of the imperfective past to express an action which took place frequently, but not at regular intervals.

Говоря́т, быва́ло, побо́рники чи́стой ре́чи, что ну́жно верну́ться к языку́ Карамзина́.	The champions of pure speech would say at times that it is necessary to return to the language of Karamzin.

c) The past tense of certain verbs of motion can express a sharp command.

Пошёл вон!	Get out!
Пошли́! Пое́хали!	Let's be off!

d) The Perfective Future can express:

(1) An action of short duration, or a series of brief, successive actions executed in the present or in the past against the background of a durative action:

Молчи́т сире́на часа́ два, да вдруг **взви́згнет**.	The siren, silent for about two hours, would suddenly scream.
Пассажи́ры встава́ли ра́но: **наки́нут** пижа́мы, **вы́пьют** ко́фе, зате́м **ся́дут** в ва́нны.	The passengers used to get up early: they would slip on their robes, they would drink coffee, then they would get into the bath tubs.

(2) The inevitability, the assured success of an action or, on the contrary, the impossibility to attain a desired result. In such cases the perfective can be combined with such adverbs as **всегда́** or **никогда́** which are normally associated with the use of the imperfective.

Команди́р всегда́ **сохрани́т** власть над океа́ном.	The captain will always retain power over the ocean. (It is certain that he will do so)
Э́того я никогда́ **не смогу́ объясни́ть**.	This I shall never be able to explain. (It is impossible)

---

[2] Not to be confused with the particle **бы́ло** which indicates an intended but not executed action: **Он, бы́ло, сказа́л**, *he almost said* (*but didn't*).

ВТОРАЯ ГЛАВА

e) The Imperative in the singular can have two additional meanings beyond expressing a command, warning or exhortation:

(1) It can take the place of the subjunctive in a conditional sentence.

Не будь бу́ри, пассажи́ры отдыха́ли бы на па́лубе.	Had there been no storm, the passengers would have been resting on deck.
Знай я после́дние биржевы́е но́вости, я поступи́л бы ина́че.	Had I known the latest stock exchange news, I would have acted differently.

(2) It can also substitute a perfective past denoting an unexpected, usually undesirable action, often with the stressing particles **и** and — ог — **да**.

А слуга́ **и скажи́**, что он бо́льше рабо́тать на бу́дет.	And there the servant said that he would not work any more.
Да тут студе́нты **и откажи́сь** отвеча́ть.	Here the students refused to answer.

f) An unexpected, *impulsive* action or decision may be expressed by combining the appropriate tense and person of the verb **взять** and the conjunctions **да и** with the perfective aspect of the verb in question.

Возьми́те да и расскажи́те всё.	Just go ahead and tell everything.
Команди́р, ре́дко появля́вший- ся на лю́ди, взял да и вы́шел.	The captain who rarely appeared in public suddenly came out.

SYNTACTICAL EXERCISES

I. *Study the first paragraph of the reading passage of this chapter, beginning with the words:* встава́ли ра́но... *and ending with* ... вене́ц его́. *If a single day of the voyage were described instead of the daily "measured life," where would the imperfective have to be replaced by the perfective aspect and where would such a substitution be impossible? Explain why.*

21

CHAPTER TWO

II. *In the following pairs of sentences explain the reason for using different aspects of the same verb. (How is the meaning of a sentence influenced by the selection of one or the other aspect?)*

1. Вы звонили командиру? Вы ему позвонили?
2. Вы передавали письмо? Вы наконец передали письмо?
3. Он ещё не приходил. Он ещё не пришёл.
4. Учитель уже объяснял правило. Учитель уже объяснил правило.
5. Он просил нас не опаздывать. Он попросил нас не опаздывать.
6. Я уже писал ему. Я уже написал ему.
7. Летом к нам приезжали друзья. Летом к нам приехали друзья.
8. Я брал книгу в библиотеке. Я взял книгу в библиотеке.
9. Он просыпался, но опять заснул. Он ещё не проснулся.
10. Как вы проводили праздники? Как вы провели праздники?

III. *In the following sentences replace the underlined words with one of the verbal forms discussed in the* **B.** *grammar section.*

1. Если бы Горький жил в настоящее время, он озаглавил бы свой рассказ «Мой спутник» иначе. 2. Поколение конца 18-го века бывало призывало: «Назад к Ломоносову!» 3. Я никогда не забываю моих друзей. 4. Я вас везде ищу — а вы меня избегаете. 5. А что, если он вдруг женится на этой девушке? 6. Если бы у меня не было столько работы, я охотно бы к вам зашёл. 7. Бодрое гулянье по палубам всегда возбуждает аппетит. 8. Садились, бывало, пассажиры за стол и подкреплялись бутербродами. 9. Громкие звуки оркестра всегда заглушают сирену. 10. Всё было тихо — как вдруг раздался громкий крик. 11. Если вы не поймёте моё объяснение, я всегда могу повторить его. 12. Пассажиры полежат, поспят, а потом опять пойдут гулять по палубе. 13. Неожиданно метрдотель отказался принимать заказы на вина. 14. Если бы русский язык перестал меняться, его нельзя было бы назвать здоровым организмом. 15. Все спали — вдруг взвыла сирена.

ВТОРАЯ ГЛАВА

PROBLEMS IN STYLISTICS

A. *Make a list of words of foreign origin encountered in the Reading of this Chapter. Single out two or three for which synonyms of Russian origin could be substituted.*

B. In the sentence: **вставáли рáно, при трýбных звýках**, the preposition **при** is used to express the concurrence of two events — the getting up of the passengers and the sounding of the horn. The preposition **при** has a number of other meanings.

Translate the following sentences and notice the meaning of the preposition **при**.

    1. Он э́то сказа́л при мне. **2.** Коллективиза́ция дере́вни произошла́ при Ста́лине. **3.** При э́том до́ме нахо́дится большо́й сад. **4.** Вы принесли́ бума́ги? — Да, они́ при мне. **5.** При ва́ших зна́ниях вам бу́дет нетру́дно отве́тить. **6.** При всём жела́нии я не могу́ э́того сде́лать.

C. In the *Reading*, the adjective **крéпкий** is used with the noun **чай**:

    В пя́том часу́ их... пои́ли   After four they were given strong,
    крéпким души́стым **ча́ем**.   fragrant tea to drink.

Determine the meaning of the same adjective in the following combinations and form a sentence with each of them:

    1. крéпкий лёд   **2.** крéпкий го́лос   **3.** крéпкое здоро́вье   **4.** крéпкий хара́ктер   **5.** крéпкое чу́вство   **6.** крéпкий моро́з   **7.** крéпкий сон.

TRANSLATION

Translate into Russian.

    1. He shouted at her: "Get out!" **2.** Young people will always condemn war and fatal losses. These losses inflict irreparable damage on the country. **3.** Four men and two women were briskly doing gymnastic exercises.

CHAPTER TWO

4. In my youth I would at times work in the summer on a boat. **5.** This is a waste of time. Let's be off. **6.** A festive dinner at the hotel would at times last over two hours. **7.** Had I not suffered such losses I would continue to be in business (*use*: to trade). **8.** The harsh sound of the siren began to resound. **9.** Had we known that dinner was not ready, we would have fortified ourselves with sandwiches. **10.** This man who does not like to drink suddenly got drunk. **11.** In Pushkin's times thousands of words and expressions which were created by later generations did not exist. **12.** The passengers dined in a marble hall to the sounds of an excellent string orchestra. **13.** For all his monstrous corpulence he has a robust health and a constant feeling of well being. **14.** One is not supposed to talk about the latest fatal losses in the presence of this woman; she lost her son. **15.** *Did* he say this in your presence? Yes, he *did*. — Did *he* say this? — No, he did *not*.

CHAPTER 3

The Nominal Predicate

Чтение: из речи Н. С. Хрущёва *О Сталине*

Сталина уже нет в живых, но мы считали нужным развенчать позорные методы руководства, которые процветали в обстановке культа его личности. Наша партия делает это для того, чтобы подобные явления никогда больше не повторялись.

Отличие марксистко-ленинских партий от всех других политических партий состоит в том, что коммунисты, не колеблясь, смело вскрывают и ликвидируют недостатки и изъяны в своей работе. Критика, пусть даже самая острая, помогает нашему движению вперёд. Это признак силы Коммунистической партии, свидетельство её несгибаемой веры в своё дело...

Возможно ли появление различных мнений внутри партии в отдельные периоды её деятельности, особенно на переломных этапах? Возможно. Как же быть с теми, кто высказывает своё, отличное от других мнение? Мы стоим за то, чтобы в таких случаях применялись не репрессии, а ленинские методы убеждения и разъяснения.

В годы, последовавшие за смертью Ленина, ленинские нормы партийной жизни были грубо извращены в обстановке культа личности Сталина. Сталин возвёл в норму внутрипартийной и государственной жизни ограничения внутрипартийной и советской демократии. Он грубо попирал ленинские принципы руководства, допускал произвол и злоупотребление властью.

Сталин мог посмотреть на товарища, с которым сидел за одним столом, и сказать: «Что-то у Вас глаза сегодня бегают». И после этого уже можно было считать, что товарищ, у которого якобы бегали глаза, взят на подозрение.

CHAPTER THREE

Коне́чно, те лю́ди в Прези́диуме ЦК, кото́рые бы́ли отве́тственны за наруше́ние зако́нности, за ма́ссовые репре́ссии, вся́чески сопротивля́лись разоблаче́нию произво́ла в пери́од ку́льта ли́чности; зате́м они́ разверну́ли антипарти́йную фракцио́нную борьбу́ про́тив руково́дства ЦК и пре́жде всего́ сосредото́чили ого́нь про́тив меня́, как Пе́рвого Секретаря́ ЦК, поско́льку мне в поря́дке мои́х оба́занностей приходи́лось ста́вить э́ти вопро́сы. Приходи́лось принима́ть уда́ры на себя́ и отвеча́ть на э́ти уда́ры.

Здесь среди́ делега́тов нахо́дятся това́рищи, — я не хочу́ называ́ть их имён, что́бы не причиня́ть им бо́ли, — кото́рые по мно́гу лет[1] просиде́ли в тю́рьмах. Их «убежда́ли», убежда́ли определёнными спо́собами в том, что они́ и́ли неме́цкие, и́ли англи́йские, и́ли каки́е-то други́е шпио́ны. И не́которые из них «признава́лись». Да́же в тех слу́чаях, когда́ таки́м лю́дям объявля́ли, что с них снима́ется обвине́ние в шпиона́же, они́ уже́ са́ми наста́ивали на свои́х пре́жних показа́ниях, что́бы быстре́е ко́нчились истяза́ния, что́бы быстре́е прийти́ к сме́рти.

Нельзя́, това́рищи, про́сто невозмо́жно допуска́ть зарожде́ния и разви́тия таки́х явле́ний, когда́ заслу́женный авторите́т одного́ лица́ мо́жет перерасти́ в таки́е фо́рмы, когда́ э́то лицо́ возомни́т, что ему́ всё позво́лено, что оно́ уже́ не нужда́ется в коллекти́ве. Про́тив э́того реши́тельно выступа́л наш вели́кий учи́тель В. И. Ле́нин, и па́ртия заплати́ла сли́шком дорогу́ю це́ну за то, что не прислу́шалась в своё вре́мя к его́ му́дрому сове́ту. Бу́дем же досто́йными ученика́ми Ле́нина и в э́том ва́жном вопро́се.

Н. С. Хрущёв
на 22-ом съе́зде КПСС,
27-го октября́ 1961 г.

---

[1] **по мно́гу лет**, *many years* (*each*). The ending **-у** instead of **-о**, **мно́го**, is permissible only in this idiomatic expression.

ТРЕТЬЯ ГЛАВА

ВОПРОСЫ

1. Что Хрущёв хотел сделать с методами руководства Сталина?
2. Чем, по мнению Хрущёва, отличаются марксистко-ленинские партии от всех других политических партий?
3. Какую роль играет критика в жизни партии?
4. В чём состояли ленинские методы руководства?
5. Что Сталин сделал с этими методами после смерти Ленина?
6. Кто поддерживал Сталина в период культа личности?
7. Что Хрущёв говорит о своём собственном положении в этот период?
8. О каких членах данного, 22-ого съезда Коммунистической партии говорит Хрущёв?
9. Почему некоторые из них «признавались» и не хотели, чтобы с них сняли обвинения?
10. К чему призывает Хрущёв?

VOCABULARY

боль *f.* pain
вишнёвый *adj.* cherry
возвести, возведут to elevate; возводить, -ят *imp.*
возомнить to become conceited
вскрывать, -ют to bring to light; to dissect; вскрыть, вскроют *pf.*
всячески in every possible way
грубый coarse
деятельность activity
допускать, -ют to tolerate, admit; допустить, -ят *pf.*

достойный worthy
заново anew
зарождение conception
заслуженный earned, honoured
злоупотребление abuse
извращать, -ют to pervert; to distort; извратить, -ят *pf.*
излишний excessive
изъян flaw, defect
истязание torture
колебаться, -лются to hesitate; поколебаться, -лются *pf.*
культ cult

CHAPTER THREE

лицо́ face, person
ли́чность personality
мне́ние opinion
му́дрый wise
нали́чие presence
наруше́ние violation
наста́ивать, -ют to insist;
 настоя́ть, -я́т *pf.*
недоста́ток shortcoming
несгиба́емый inflexible
обвине́ние accusation
обстано́вка setting; furnishings
обхва́тывать, -ют to encompass, clasp; обхвати́ть, -ят *pf.*
обя́занность duty
ограниче́ние limitation
ока́зываться, -ются to turn out to be, find oneself; оказа́ться, -жутся *pf.*
определённый certain, definite
остава́ться, -ю́тся to remain, be left; оста́ться, -нутся *pf.*
отве́тственный responsible
отли́чие difference, distinction
охо́тник lover of; *also*: hunter
оце́нка appraisal
о́чередь *f.* queue, line; *also*: turn
перело́м turning point
перерасти́, -у́т to develop into; *also*: outgrow; перераста́ть, -ют *imp.*
подо́бный similar, such
подозре́ние suspicion; взят на подозре́ние placed under suspicion
позо́рный disgraceful
показа́ние testimony
попира́ть, -ют to trample, violate; попра́ть, -у́т *pf.*
поря́док order; в поря́дке + *gen.* by way of
появле́ние appearance

предпочита́ть, -ют to prefer; предпоче́сть, предпочту́т *pf.*
признава́ться, признаю́тся (в + *prep.*) to confess; призна́ться, -а́ются *pf.*
при́знак sign, indication
применя́ть, -ют to apply, employ; примени́ть, -ят *pf.*
прислу́шаться, -ются to lend an ear, to listen intently; прислу́шиваться, -ются *imp.*
причиня́ть, -ют to cause; причини́ть, -ят *pf.*
произво́л arbitrariness
процвета́ть, -ют to flourish
развенча́ть, -ют to dethrone, debunk; разве́нчивать, -ют *imp.*
развёрну́ть, -у́т to unfold; развёртывать, -ют *imp.*
разви́тие development
разграниче́ние differentiation
разоблаче́ние exposure, disclosure
разъясне́ние elucidation
руково́дство leadership
свиде́тельство evidence
сме́лый bold
снима́ть, -ют to take off, remove; снять, сни́мут *pf.*
сопротивля́ться, -ю́тся to resist, oppose
сосредото́чить, -ат to concentrate; сосредота́чивать, -ют *imp.*
спо́соб method, means
тюрьма́ prison
убежда́ть, -ют to convince; убеди́ть, -я́т *pf.*
убежде́ние conviction
уда́р blow; *also*: stroke
холосто́й bachelor
чета́ pair, couple
явле́ние occurrence, phenomenon
я́кобы supposedly

ТРЕТЬЯ ГЛАВА

Грамматика: Именное сказуемое

(Part I)

A. A nominal predicate can be expressed by the following parts of speech:
    a) Noun:
        Ле́нин — **учи́тель па́ртии.**   Lenin is the Party's teacher.
    b) Adjective or participle:
        Ва́нна — **мра́морная.**   The bathtub is (of) marble.
        Океа́н **стра́шен.**   The ocean is frightening.
        Пассажи́ры **взволно́ваны.**   The passengers are upset.
    c) Numeral:
        Два́жды два **четы́ре.**   Two times two is four.
        Их дом — **тре́тий** с угла́.   Their house is the third from the corner.
    d) Pronoun:
        Вишнёвый сад **мой!**   The cherry orchard is mine!
    e) Adverb:
        Его́ дочь **за́мужем.**   His daughter is married.

B. A verb may be absent in a nominal predicate as in above examples or it may have:
    a) a purely copulative function indicating tense and mood:
        Ле́нин **явля́ется учи́телем па́ртии.**   Lenin is the Party's teacher.
        Ва́нна **была́ мра́морная.**   The bathtub was (of) marble.
        Их дом **бу́дет тре́тий** с угла́.   Their house is (will be) the third from the corner.
        Хоть бы вишнёвый сад **был мои́м!**   If only the cherry orchard were mine!
    b) a more independent, but nevertheless auxiliary function:
        Океа́н **каза́лся стра́шным.**   The ocean seemed frightening.
        Вишнёвый сад **стал мои́м.**   The cherry orchard became mine.

To the same category belong such verbs as **счита́ться**, *to be considered*; **остава́ться**, *to remain*; **ока́зываться**, *to turn out to be*, when they answer

CHAPTER THREE

the question **кем** or **чем?**, that is: *to be considered, to remain, to turn out to be*, etc. *who* or *what?*

It should be noted that a large number among copulative and auxiliary verbs which form compound nominal predicates are homonyms—which allows them to function as simple *verbal* predicates as well:

Он **явля́ется** ка́ждое у́тро.	He appears (presents himself) every morning.
Делега́т **стал** в о́чередь.	The delegate placed himself in line.
Я **оказа́лся** в тру́дном положе́нии.	I found myself in a difficult situation.

c) Finally the verbal part of a nominal predicate may be represented by a verb of fully independent meaning—but still answering the question **кем, чем?** and denoting:

(1) position or motion, for instance **роди́ться**, *to be born*; **стоя́ть**, *to stand*; **сиде́ть**, *to sit*; **верну́ться**, *to return* (in what capacity or condition?):

Он **роди́лся** счастли́вым.	He was born lucky.
Мы **верну́лись** уста́лыми.	We returned tired.

(2) activity or sojourn, for instance:

Хрущёв **рабо́тал** Пе́рвым Секретарём Центра́льного Комите́та.	Khrushchev worked in the capacity of First Secretary of the Central Committee.
Он до́лго **жил** холосты́м.	He lived as a bachelor for a long time.

C. The main part of a nominal predicate is most frequently expressed by a noun or/and an adjective. These can be used:

a) in oblique cases without prepositions, particularly in the genitive case to describe a qualitative assessment or a mental process:

Команди́р — **чудо́вищной величины́**.	The captain is of monstrous bulk.
Како́го вы **мне́ния**?	What is your opinion?

b) in set expressions with prepositions, such as:

Он **при́ сме́рти**.	He is at death's door.[1]
Она́ **в ду́хе** — **не в ду́хе**.	She is in good—bad—spirits.

---

[1] See discussion of preposition **при** in Chapter 2.

Эта кни́га мне **не по карма́ну**. This book is too expensive for me.
Ло́шадь **ни с ме́ста**. The horse would not budge.

D. A noun or adjective functioning as nominal predicate is often used in the nominative case and, without prepositions, in the instrumental case.

  a) The nominative case is used to express:

    (1) a *permanent* trait or condition of the subject:

      Культ ли́чности — **э́то** The cult of personality is a
      извраще́ние ле́нинских distortion of Lenin's precepts.
      заве́тов.

      Я **охо́тник до та́нцев**. I am very fond of dancing.
      Он был **ма́стер на все ру́ки**. He was a jack-of-all-trades.
      Она́ **вам не чета́**. She is no match for you.

    (2) a comparison, with the conjunction **как**, *as*; **как бу́дто**, *as if*; **сло́вно**, **то́чно**, *like*:

      Команди́р был **сло́вно** The captain was like a huge idol.
      огро́мный и́дол.

    (3) When the same noun denoting the subject is repeated in the predicate with the conjunction **как**, it signifies that there is nothing extraordinary about the subject:

      Нос **как нос**. The nose is perfectly ordinary.
      Го́род **как го́род**. There is nothing extraordinary about the town.

b) The instrumental case is used to express a *temporary* trait or condition of the subject, for instance a profession or position. The verbal part of such a predicate will be represented by a verb of the types discussed under **B: a)**, **b)** and **c)**.

Note, however, that with the copula **быть** in the past or future tense the noun and/or adjective of a nominal predicate can appear as well in the nominative as in the instrumental case. One can say:

  Он был **хоро́ший челове́к**.
or: He was a good man. (stressing the permanency of the trait)
  Он был **хоро́шим челове́ком**.
But:

  Хрущёв **сде́лался побо́рником** Khrushchev became an advocate of
    ле́нинских ме́тодов Lenin's methods of persuasion
    убежде́ния и разъясне́ния. and elucidation (here only the instrumental case is permissible).

CHAPTER THREE

E. The repetition in the predicate of a noun denoting the subject in the nominative *as well as* in the instrumental case is used as a means of *stressing* a permanent or temporary trait or condition of the subject:

Он мужи́к мужико́м.   He is a complete boor.
Он сиде́л дура́к дурако́м.   He sat there a perfect fool.

SYNTACTICAL EXERCISES

I. *In the following sentences put the words in parentheses in the proper case. Indicate where two variants are possible.*

1. Но́вые ме́тоды руково́дства сде́лались (необходи́мость). **2.** Никто́ не рожда́ется (геро́й). **3.** Он рабо́тал (кочега́р). **4.** Она́ сиде́ла сло́вно (мёртвый). **5.** Он ка́жется (неуста́нный рабо́тник). **6.** Подо́бные явле́ния стано́вятся (ре́дкость). **7.** Слу́жащий стоя́л то́чно (почти́тельный лаке́й). **8.** Э́то явля́ется (наруше́ние зако́нности). **9.** Я — (то же мне́ние). **10.** Его́ слова́ бы́ли (ре́зкое обвине́ние). **11.** Я никогда́ не́ был (охо́тник до му́зыки). **12.** Вы хорошо́ рабо́таете; дире́ктор о вас (высо́кое мне́ние). **13.** Мой брат (высо́кий рост). **14.** Семна́дцати лет он был (стро́йный молодо́й челове́к). **15.** Я не могу́ с ва́ми согласи́ться; я (други́е убежде́ния). **16.** Он был (челове́к несгиба́емой во́ли). **17.** Ва́ше показа́ние счита́ется все́ми (позо́рный). **18.** Молодёжь стано́вится (сме́лый побо́рник ми́ра). **19.** Поте́ря отца́ была́ для меня́ (неожи́данный уда́р). **20.** Он (сме́лый челове́к). **21.** Он ра́ньше был (сме́лый), но сейча́с он (трус, *coward*), он сде́лался (трус).

II. *Read the sentences and (a) make a list of homonym verbs in the imperfective and perfective infinitive. (b) Indicate where simple verbal predicates occur and where the compound nominal predicates occur.*

1. Он до́лго остава́лся постоя́нным жильцо́м в моём до́ме. **2.** Не́которые слова́ из жарго́нных стано́вятся литерату́рными. **3.** Ка́ждый день на рабо́ту явля́ются все слу́жащие. **4.** Покупа́тели стано́вятся в о́чередь у вхо́да в магази́н. **5.** На горизо́нте показа́лась цепь непреры́вных лесо́в. **6.** Э́та у́лица показа́лась мне знако́мой.

ТРЕТЬЯ ГЛАВА

7. Поезд неожи́данно стал. **8.** Из-за грани́цы он верну́лся бога́тым челове́ком. **9.** Я вдруг оказа́лся в незнако́мом ме́сте. **10.** Все вы́шли, а он оста́лся. **11.** Речь Хрущёва на 22-ом съе́зде Коммунисти́ческой Па́ртии явля́ется ва́жным истори́ческим собы́тием. **12.** Он верну́лся из-за грани́цы в про́шлом году́. **13.** Разоблаче́ние произво́ла Ста́лина сде́лалось гла́вной це́лью Хрущёва. **14.** Э́тот парохо́д счита́ется одни́м из лу́чших. **15.** Но́вый слу́жащий оказа́лся хоро́шим челове́ком. **16.** Вчера́ мы все бы́ли на интере́сной ле́кции. **17.** Камышо́вое кре́сло де́лается из камыша́ и де́рева. **18.** Сло́во спу́тник сде́лалось всеми́рным те́рмином. **19.** Годовы́е убы́тки счита́ются в конце́ го́да. **20.** Григоро́вич был совреме́нником Достое́вского.

PROBLEMS IN STYLISTICS

A. You read in the *Reading* the sentence:

Мы стои́м за то, что́бы **в таки́х слу́чаях** применя́лись... ле́нинские ме́тоды убежде́ния.	We are for the application of Lenin's methods of persuasion... *in such cases.*

Note the meaning of **слу́чай** *in following combinations and form one sentence with each of them.*

во вся́ком слу́чае	in any case, at any rate
на вся́кий слу́чай	just in case
ни в ко́ем слу́чае	on no account
в кра́йнем слу́чае	if worst comes to worst

B. Close in meaning to the pronoun **тако́й**, *such*, are:
   a) the adjective **подо́бный**:

На́ша па́ртия де́лает э́то для того́, что́бы **подо́бные** явле́ния никогда́ бо́льше не повторя́лись.	Our party does this so that occurrences of this sort will never again recur.

CHAPTER THREE

Подо́бный stresses similarity rather than identity:

Я ничего́ подо́бного не говори́л.   I said nothing of the sort.
Я зна́ю мно́го подо́бных вам   I know many people of your type.
людей.

b) The pronoun **тако́в**, used in modern Russian only in its short form, stresses, contrary to **подо́бный**, identical characteristics (see *Reading* in Chapter 1).

Таково́, наприме́р, сло́во   Such, for instance, is the word
спу́тник.   sputnik.

Note:

Все они́ таковы́.   They are all like that.
Таковы́ фа́кты.   Such are the facts.

Form one sentence each with any form of **подо́бный** *and* **тако́в**.

(Part II)

When the nominal predicate or its main part is expressed by an adjective or a participle, the question arises when the short form of the adjective or participle should be used and when the complete form is mandatory or preferable.

F. The use of the *short form is mandatory*

a) when the meaning of the short form differs from the meaning of the complete form. Such discrepancies are numerous in Russian. Some of the most common ones are:

бе́ден (чем)   poor in (what)   бе́дный[1]   poor (deserving sympathy)
благода́рен (кому́)   obliged to (whom)   благода́рный   gratifying

---

[1] This, of course, does not apply to the *basic* meaning of the word **бе́дный**, *poor, destitute*. One can say: **он бе́дный** or: **он бе́ден**, *he is poor*.

бога́т (чем)	rich in	бога́тый	abundant[2]
ви́ден	visible	ви́дный	noted
(он) винова́т	(he) is to blame	винова́тый	guilty
гото́в	ready, prepared	гото́вый	finished, ready for use
до́рог (кому́)	dear to someone	дорого́й	expensive
ду́рен	bad-looking	дурно́й	evil, bad
кра́ток	expressed briefly	кра́ткий	of brief duration
плох	seriously ill	плохо́й	bad in quality
прав	right (correct)	пра́вый	right (*antithesis to* left)
прост	simple-minded	просто́й	simple
хоро́ш	good-looking	хоро́ший	good

Frequently the short form requires the addition of an infinitive or a preposition:

(он) глух к	he turns a deaf ear	глухо́й	deserted[3]
до́лжен (+ *inf.*)	must	до́лжный	due, proper
уве́рен в, что	convinced in, that	уве́ренный	confident
спосо́бен к, на	with talent for, capable of	спосо́бный	talented
согла́сен с, на	agreeing with, to	согла́сный	concordant, harmonious

b) when the short form is used to express an *excessive* degree of a quality or characteristic, for instance:

сли́шком { мо́лод / вели́к / дли́нен / мал / ко́роток / широ́к / у́зок } too { young / large / long / small / short / wide / narrow }

---

[2] But: он бога́тый or: он бога́т, *he is rich.*
[3] But: он глухо́й or: он глух, *he is deaf.*

CHAPTER THREE

c) The use of the short form is also mandatory in set expressions such as:

моя́ со́весть **чиста́**	my conscience is clear
он **жив и здоро́в**	he is safe and sound
ка́ждый час **до́рог**	every hour counts
ни **жив** ни **мёртв**	more dead than alive

G. The use of the short form is preferable, though not mandatory

   a) to express a temporary condition or trait:

| Он **бо́лен**. | He is sick. |
| Она́ **была́ голодна́**. | She was hungry. |

It is used particularly if the adjective expressing the temporary condition governs another word:

| Ва́ша сме́лость для меня́ **удиви́тельна**. | Your boldness is astonishing to me. |

(**удиви́тельна** governs **для меня́**)

   b) in categorical pronouncements which stress that the stated trait or quality is the subject's primary and most vital characteristic:

| Его́ во́ля **несгиба́ема**. | His will is (absolutely) inflexible. |
| Э́та же́нщина **добра́**. | This woman is kind. (kindness is her main trait) |

H. The use of the *complete form* of the adjective or participle is *mandatory*

   a) when the nominal predicate or its principal part is a relative adjective, since these adjectives do not have short forms:

| Дом **ка́менный**. | The house is of stone. |
| Ло́жка **сере́бряная**. | The spoon is of silver. |

   b) when the meaning of the complete form differs from the meaning of the short form (see p. 34).

I. The complete form of the adjective or participle is customary, though not mandatory to express a permanent trait or condition. The choice of cases depends on the rules discussed on p. 31:

| Моя́ мать **была́ ру́сская**. | My mother was Russian. (a permanent trait) |
| Моя́ мать **счита́лась талантли́вой**. | My mother was considered very talented. |

ТРЕТЬЯ ГЛАВА

SYNTACTICAL EXERCISES
(continued)

III. *Read the following list of adjectives and:* (a) *indicate which are relative and therefore have no short form;* (b) *change the qualitative adjectives to short form in the masculine and feminine gender.*

Камышо́вый; кре́пкий; сме́лый; ледяно́й; мали́новый; чудо́вищный; жарго́нный; небе́сный; прозра́чный; души́стый; несме́тный; земно́й; подо́бный; гру́бый; тру́бный; со́нный; ре́зкий; драгоце́нный; неи́стовый; стру́нный; досто́йный; су́мрачный; ры́жий; пе́нистый; му́дрый; биржево́й.

IV. *Complete the sentences using the adjectives in parentheses in the complete or short form required by the meaning. Indicate where both variants are acceptable.*

1. Э́та оши́бка стано́вится (непоправи́мый). **2.** Он сего́дня (сме́лый и бо́дрый). **3.** Э́то пальто́ для меня́ (коро́ткий), а боти́нки (у́зкий). **4.** Что́бы избежа́ть поте́ри вре́мени, я бу́ду (кра́ткий). **5.** Э́тот ма́льчик (не дурно́й). **6.** Его́ жизнь была́ (бога́тый) собы́тиями. **7.** Мне ка́жется, что он не (винова́тый). **8.** Вы остаётесь (глухо́й) к мои́м про́сьбам. **9.** Э́тот ребёнок ста́нет (спосо́бный челове́к). **10.** Она́ о́чень (хоро́ший). **11.** Я бы сказа́л, что э́тот студе́нт не о́чень (у́мный); он оказа́лся (просто́й). **12.** Ва́ша со́весть (чи́стый)? **13.** Он (больно́й); сего́дня он о́чень (плохо́й). **14.** Э́та у́лица (глухо́й). **15.** По вечера́м этажи́ парохо́да зия́ли во мра́ке как (о́гненный несме́тный) глаза́.

PROBLEMS IN STYLISTICS
(continued)

C. Note the special meaning of verbs of motion in the following sentences:

а) Океа́н, **ходи́вший** за стена́ми (парохо́да), был стра́шен.

The ocean which was churning beyond the sides (of the ship) was frightening.

37

CHAPTER THREE

The verb **ходи́ть** can assume similar meaning denoting movement of air, clouds and sounds:

Ту́чи **ходи́ли** по не́бу.	Clouds were drifting across the sky.
Зву́ки орке́стра волна́ми **ходи́ли** по за́лу.	In waves the sounds of the orchestra swept across the hall.
b) Что́-то у вас глаза́ сего́дня **бе́гают**.	For some reason your eyes are shifty (or restless) today.

The verb **бе́гать** can be combined in a similar meaning with the noun **па́льцы**, *fingers*:

Па́льцы секрета́рши бы́стро **бе́гали** по кла́вишам маши́нки.	The secretary's fingers were rapidly moving across the typewriter keys.

D. Let us observe the various meanings of the prefix **пере-**.

1. Авторите́т одного́ лица́ мо́жет **перерасти́** в таки́е фо́рмы, когда́...   The authority of one individual can develop (be transformed) into such forms that . . .

In this sentence **пере-** corresponds to the English "trans-," for instance **переводи́ть**, *to translate*; **переходи́ть**, *to cross*. But this prefix can have a number of other meanings:

2. the action is repeated, carried out anew: **перечита́ть**, *to reread*.
3. the action expresses excessiveness: **переоцени́ть**, *to overestimate*; **перекрича́ть**, *to outshout*.
4. the action encompasses a large number of people or objects: **все переболе́ли**, *all passed through the illness*.
5. the action fills a certain interval of time: **переночева́ть**, *to spend the night*.

Find one verb with the prefix **пере-** *for each of these five categories and form a sentence with each one.*

TRANSLATION

Translate into Russian.

1. The air is clean and fragrant, but the water is icy. **2.** He is a gifted person, but he is capable of arbitrariness and abuse of power. **3.** He has reached old age, but he had a stroke and now he is at death's door. **4.** Do you consider him (that he is) good-looking? Yes, he is not bad-looking, but it seems to me that he is an evil person. **5.** I overestimated my strength and now I am sleepy and shall have to spend the night here. **6.** Of course, I consider her a jack-of-all-trades; nevertheless she is not a match for you. **7.** This activity is very gratifying (work). — Thank you, I am much obliged to you for saying this. **8.** The smoke drifted all over the room. **9.** What is your opinion of this speech? — I am not very fond of speeches. There was nothing extraordinary about the speech. **10.** Had I known that you had distorted my testimony, I would have forced you to confess the truth. **11.** Khrushchev considered it necessary to debunk Stalin's methods of leadership — they turned out to be disgraceful. **12.** Khrushchev wanted to apply Lenin's methods of elucidation. **13.** He was convinced that Stalin was to blame for the torture and death of a large number of comrades. **14.** Stalin placed under suspicion comrades with supposedly shifty eyes. **15.** The intermission was brief and then the member of the Central Committee promised that his speech would be brief. **16.** Khrushchev thought that he would retain power for a long time, but his activity as (in the capacity of) leader turned out to be brief.

CHAPTER 4

Agreement of Predicate and Subject in Person and Gender

Чте́ние: из кни́ги *Ска́зки об Ита́лии*

В день, когда́ э́то случи́лось, дул сиро́кко, вла́жный ве́тер из А́фрики — скве́рный ве́тер! — он раздража́ет не́рвы, прино́сит дурны́е настрое́ния, вот почему́ два изво́зчика — Джузе́ппе Чиро́тта и Луи́джи Мэ́та — поссо́рились. Ссо́ра возни́кла незаме́тно, нельзя́ бы́ло поня́ть, кто пе́рвый вы́звал её, лю́ди ви́дели то́лько, как Луи́джи бро́сился на грудь Джузе́ппе, пыта́ясь схвати́ть его́ за го́рло, а тот, убра́в го́лову в пле́чи, спря́тал свою́ то́лстую кра́сную ше́ю и вы́ставил чёрные кре́пкие кулаки́.

Их то́тчас ро́зняли и спроси́ли:

— В чём де́ло?

Си́ний от гне́ва, Луи́джи кри́кнул:

— Пусть э́тот бык повтори́т при всех, что он сказа́л о мое́й жене́!

Чиро́тта хоте́л уйти́, он спря́тал свои́ ма́ленькие глаза́ в скла́дках пренебрежи́тельной грима́сы и, кача́я кру́глой чёрной голово́й, отка́зывался повтори́ть оби́ду; тогда́ Мэ́та гро́мко сказа́л:

— Он говори́т, что узна́л сла́дость ласк мое́й жены́!

— Эге́! сказа́ли лю́ди. — Э́то — не шу́тка, э́то тре́бует серьёзного внима́ния. Споко́йствие, Луи́джи! Ты здесь — чужо́й, твоя́ жена́ — наш челове́к, мы все тут зна́ли её ребёнком, и е́сли оби́жен ты — её вина́ па́дает на всех нас — бу́дем правди́вы!

Приступи́ли к Чиро́тта.

— Ты сказа́л э́то?

— Ну да, — созна́лся он.

ЧЕТВЁРТАЯ ГЛАВА

— И это правда?
— Кто когда-нибудь уличал меня во лжи?

Чиротта — порядочный человек, хороший семьянин, дело принимало очень мрачный оборот — люди были смущены и задумались, а Луиджи пошёл домой и сказал жене Кончетте:

— Я уезжаю! Я не хочу знать тебя, если ты не докажешь, что слова этого негодяя — клевета.

Она, конечно, плакала, но — ведь слёзы не оправдывают; Луиджи оттолкнул её, и вот она осталась одна, с ребёнком на руках, без денег и хлеба.

Вступились женщины — прежде всех Катарина, торговка овощами, умная лисица, эдакий, знаете, старый мешок, туго набитый мясом и костями, и кое-где сильно сморщенный.

— Синьоры, — сказала она, — вы уже слышали, что это касается чести всех нас. Это — не шалость, внушённая лунной ночью, задета судьба двух матерей — так? Я беру Кончетту к себе, и она будет жить у меня, до дня, когда мы откроем правду.

Так и сделали, а потом Катарина и эта сухая ведьма Лючия, крикунья, чей голос слышно на три мили — принялись за беднягу Джузеппе: призвали его и давай щипать его душу, как старую тряпку:

— Ну, добряк, скажи — ты брал её много раз, Кончетту?
Толстый Джузеппе надул щёки, подумал и сказал:
— Однажды.
— Случилось это вечером, ночью, утром? — спрашивала Катарина, совсем как судья.

Джузеппе, не подумав, выбрал вечер.
— Было ещё светло?
— Да, — сказал дурачина.
— Так! Значит, ты видел её тело?
— Ну, конечно!
— Так скажи нам, каково оно!

Тут он понял, к чему эти вопросы и забормотал, сердясь так, что его большие уши налились кровью и стали лиловыми.

— Что же — говорит, — я могу сказать? Ведь я не рассматривал её, как доктор!

— Ты ешь плоды, не любуясь ими? — спросила Лючия.

CHAPTER FOUR

— Но, может быть, ты всё-таки заметил одну особенность Кончетты? — спрашивает она дальше и подмигивает ему, змея.

— Всё это случилось так быстро, — говорит Джузеппе, — право, я ничего не заметил.

— Значит — ты её не имел! — сказала Катарина.

Словом — они так запутали его в противоречиях, что малый наконец опустил дурную свою голову и сознался:

— Ничего не было, я сказал это со зла.

Старух не удивило это.

М. Горький
1910—1913 г.

ВОПРОСЫ

1. Кто однажды поссорился?
2. Кто вызвал ссору?
3. Что Луиджи крикнул?
4. Повторил ли Чиротта обиду?
5. Как люди узнали, в чём состояла обида?
6. Что люди сказали Луиджи?
7. Что Луиджи решил сделать?
8. К кому переехала Кончетта?
9. Как Горький описывает Катарину и Лючию?
10. Расскажите, как Катарина и Лючия узнали правду.

VOCABULARY

бедняга poor thing
броситься, -ятся to rush at, fall upon; **бросаться, -ются** *imp.*
бык bull

ведьма witch
вина guilt
влажный humid, damp
внушать, -ют to suggest, inspire; **внушить, -ат** *pf.*

ЧЕТВЁРТАЯ ГЛАВА

возни́кнуть, -ут to spring up, originate; **возника́ть, -ют** *imp.*
вступи́ться, -ятся to stand up for; **вступа́ться, -ются** *imp.*
вы́звать, вы́зовут to call for; *also*: to provoke; **вызыва́ть, -ют** *imp.*
вы́ставить, -ят to thrust forward; *also*: to fire; **выставля́ть, -ют** *imp.*
гнев wrath
го́рло throat
грима́са grimace
добря́к dear heart, good soul
дове́рие confidence, trust
доказа́ть, дока́жут to prove; **дока́зывать, -ют** *imp.*
дурачи́на nitwit
дуть, -ют to blow; **поду́ть, -ют** *pf.*
забормота́ть, забормо́чат to (begin) to mumble; **бормота́ть, бормо́чат** *imp.*
заде́ть, заде́нут to affect; *also*: to knock against; **задева́ть, -ют** *imp.*
запу́тать, -ют to confuse, tangle; **пу́тать, -ют** *imp.*
змея́ snake
избавля́ться, -ются to get rid of; **изба́виться, -ятся** *pf.*
изво́зчик horsecab driver
иноязы́чный belonging to another language
кача́ть, -ют to shake, rock; **покача́ть, -ют** *pf.*
клевета́ slander
кость *f.* bone
крику́нья *fem. of* **крику́н** shouter
ла́ска caress
лило́вый violet
ложь *f.* lie
ма́лый (*noun*) lad

мешо́к sack
наби́ть, набью́т to stuff; **набива́ть** *imp.*
наду́ть, -ют to puff out; *also*: to cheat; **надува́ть, -ют** *imp.*
нали́ться, налью́тся (кро́вью) to become bloodshot; **налива́ться, -ются** *imp.*
настрое́ние mood
негодя́й scoundrel
нерв nerve
оби́да offence
обижа́ть, -ют to offend; **оби́деть, -ят** *pf.*
о́вощ vegetable
одобри́тельный approving
опасе́ние misgiving
опра́вдывать, -ют to justify, acquit; **оправда́ть, -ют** *pf.*
определя́ться, -ются to be determined; **определи́ться, -я́тся** *pf.*
оттолкну́ть, -у́т to push away; **отта́лкивать, -ют** *imp.*
плод fruit
подми́гивать, -ют to wink; **подмигну́ть, -у́т** *pf.*
поссо́риться, -ятся to quarrel; **ссо́риться, -ятся** *imp.*
пренебрежи́тельный scornful
приступи́ть, -ят to accost; *also*: to start; **приступа́ть, -ют** *imp.*
противоре́чие contradiction
раздража́ть, -ют to irritate; **раздражи́ть, -а́т** *pf.*
разня́ть, разни́мут to separate (fighters); **разнима́ть, -ют** *imp.*
разря́д category
ро́знял (he) separated (*see* **разня́ть**)
семьяни́н family man
сиро́кко sirocco

CHAPTER FOUR

скве́рный nasty
скла́дка fold
сла́дость sweetness, delight
слеза́ tear
смо́рщенный wrinkled
смуща́ть, -ют to embarrass; смути́ть, -я́т *pf.*
созна́ться, -ются to confess; сознава́ться, -ются *imp.*
спря́тать, спря́чут to hide; пря́тать, пря́чут *imp.*
ссо́ра quarrel
судья́ judge
схвати́ть, -ят to grab, seize; схва́тывать, -ют *imp.*

торго́вка *fem. of* торго́вец merchant
тря́пка rag
туго́й tight
убра́ть, уберу́т to pull in; *also*: to remove; to decorate; убира́ть, -ют *imp.*
улича́ть, (-ют) во лжи to expose in a lie; уличи́ть, -а́т *pf.*
честь honor
ша́лость prank
ше́я neck
щека́ cheek
щипа́ть, щи́плют to pinch; щипну́ть, -у́т *pf.*
э́дакий (*colloq.*) such

Грамма́тика: Согласова́ние сказу́емого с подлежа́щим в лице́ и в ро́де

A. One of the basic principles of the Russian language is that a verbal predicate agrees with the subject in person, number and, in the past tense in gender as well.

Я допуска́ю.	I admit.
Ты наста́иваешь.	Thou insists.
Сло́во отмира́ет.	The word atrophies.
Мы храни́м.	We preserve.
Вы предпочита́ете.	You prefer.
Друзья́ ссо́рятся.	The friends quarrel.
Пассажи́р подкрепи́лся.	The passenger fortified himself.
Молодёжь волнова́лась.	The young people were agitated.
Живо́тное взвы́ло.	The animal howled.
Това́рищи призна́лись.	The comrades confessed.

Some difficulties related to the agreement of verbal predicate and subject arise when the subject is expressed *either* by two personal pronouns *or* by

ЧЕТВЁРТАЯ ГЛАВА

a combination of a personal pronoun and a noun. In both such cases the predicate assumes the form of

a) the *first* person plural, if the pronoun *I* or *we* enters into the composition of the subject:

ты и **я**		thou and *I*	
судья да **я**		the judge and *I*	
товарищ или **я**	**докажем**	the comrade or *I*	will prove
мы с тобой[1]		*we* and thou (with thee)	
мы с вами[1]		*we* and you (with you)	
мы и они		*we* and they	

b) the *second* person plural, if the pronoun *thou* or *you* enters into the composition of the subject:

и **ты** и он	
не только **ты**, но и брат	
вы и она	**докажете**
вы с ним	
вы с ними	

c) the *third* person plural, if the pronoun *they* forms part of the subject. For instance:

они и судья	
они с нами	**докажут**
они с вами	

B. The question of agreement in gender between subject and either a nominal predicate or a verbal predicate expressed by the past tense or by the subjunctive requires special attention when the subject is a noun which belongs to one of the following categories:

a) Indeclinable geographical concepts and place names of foreign origin with the ending **-е, -и, -о, -у** or stressed **a**. This applies to non-Russian

---

[1] This construction with the preposition **с** is very common in Russian, in fact it is preferable to the use of the conjunction **и** to join two personal pronouns or a personal pronoun and a noun which form a subject.
However, if a personal pronoun in the singular (я, ты, он, она) is joined by the preposition **с** to another pronoun or noun in the instrumental case, only this personal pronoun functions as the subject and the predicate is in the singular:
   я с тобой **пойду** (с тобой is an indirect object)
   ты со мной **пойдёшь** (со мной is an indirect object)
   он (**она**) с братом **пойдёт** (с братом is an indirect object)

45

localities situated within the borders of the Soviet Union as well as beyond. The gender of the predicate depends on the gender of the geographical generic word. For instance if the name designates a town (го́род) or island (о́стров) the predicate is masculine, if a river (река́) the predicate is feminine, if a lake (о́зеро) or state (госуда́рство) the predicate is neuter. Hence:

Дул сиро́кко. (ве́тер)	A sirocco was blowing.
Сиро́кко вла́жный.	The sirocco is moist.
Перу́ (госуда́рство) при́няло иностра́нных делега́тов.	Peru received the foreign delegates.
Бату́ми (го́род) в сре́дние века́ называ́лся Бато́ми.	In the Middle Ages Batum was called Batomi.

Note however that geographical concepts and place names of foreign origin ending in a *consonant* or an unstressed **a** are declined like regular nouns:

Гудзо́н **соединён** кана́лами с други́ми ре́ками.	The Hudson is connected with other rivers by canals.

b) Compound abbreviated nouns consisting of the initial letters of several words are very common in the Soviet Union. For instance: **ЦК** (Central Committee), **КПСС** (Communist Party of the Soviet Union). The gender of the predicate depends on the gender of the key word of the compound:[1]

ЦК (Центра́льный **Комите́т**) **обсужда́л** речь Хрущёва.	The Central Committee was discussing Khrushchev's speech.
КПСС (Коммунисти́ческая **Па́ртия** Сове́тского Сою́за) **при́няла** резолю́цию.	The Communist Party of the Soviet Union adopted the resolution.

c) In the following two instances the predicate is neuter:

(1) When the subject is a word-group or a part of speech used as a noun:

Их «Наза́д к Пу́шкину» **не́ было услы́шано**.	Their "Back to Pushkin" was not heeded.
Ва́ше «Нет» ему́ **не понра́вилось**.	Your "No" displeased him.
Поня́ть э́то **бы́ло тру́дно**.	It was difficult to understand this.

---

[1] However, compound abbreviated nouns which include a central vowel, for instance: **ВУЗ** (Вы́сшее уче́бное заведе́ние) and **НЭП** (Но́вая экономи́ческая поли́тика) are treated like ordinary nouns and are declinable. Thus both **ВУЗ** and **НЭП** are masculine.

(2) When the subject is an inanimate indeclinable noun of foreign origin with the ending -е, -и, -о, -у, -ю or stressed а:

Рагу́ о́чень вку́сное.   The ragout is very tasty.
Такси́ стоя́ло пе́ред до́мом.   The taxi stood in front of the house.

d) In the following categories of animate nouns the predicate is either masculine or feminine depending on the sex of the person or animal referred to:

(1) Indeclinable proper names of foreign origin.

Чиро́тта поссо́рился с Ме́та.   Chirotta quarrelled with Meta.
Виардо́ была́ знамени́той певи́цей.   Viardot was a famous singer.

(2) Indeclinable transliterated foreign nouns denoting animals, such as: **какаду́, по́ни.**

(3) Indeclinable transliterated foreign nouns denoting persons. For instance, with: **ле́ди, мада́м** the predicate is feminine, with: **ку́ли, де́нди** it is masculine.

(4) There is a group of nouns in the Russian language with the ending **-а** or **-я** which can be applied to either sex. The most important among this group are:

бродя́га	tramp	пья́ница	drunk
зева́ка	idler	самоу́чка	self-educated person
кале́ка	cripple	со́ня	sleepy head
у́мница	clever person	сирота́	orphan
пла́кса	cry baby	уби́йца	murderer
проны́ра	pushy, sly person		

Он, уби́йца, созна́лся.   He, the murderer, confessed.
Она́, уби́йца, созна́лась.   She, the murderer, confessed.
— Да, — сказа́л дурачи́на Джузе́ппе.   Yes—said the nitwit Djuseppe.

(5) Since women in the Soviet Union participate and often outnumber men in most types of professions and occupations, masculine nouns denoting such vocational categories are applied to women while being coupled with a feminine predicate:

Вошла́ дире́ктор комбина́та Ива́нова.   The director of the combine Ivanova came in.
Она́ — **хоро́ший учи́тель**; он то́же — **хоро́ший учи́тель**.   She is a good teacher; he, too, is a good teacher.

CHAPTER FOUR

SYNTACTICAL EXERCISES

I. *Make the verbs in parentheses agree in person with the subject by putting them*

(a) *in the present tense:*

1. Мы с тобо́й (колеба́ться) и не (знать), что де́лать. **2.** Я чу́вствую, что ни ты ни я не (внуша́ть) ему́ дове́рия. **3.** Вы с ним (обижа́ть) меня́. **4.** Они́ с на́ми (предпочита́ть) сиде́ть до́ма. **5.** Ты и он (прислу́шиваться) к разгово́ру? **6.** Вы с ней сли́шком (волнова́ться). **7.** Они́ и ребёнок (остава́ться) здесь. **8.** Ты и Джузе́ппе сли́шком ча́сто (ссо́риться). **9.** Мы с ва́ми (сознава́ться) в оши́бках. **10.** Ни ты ни я никогда́ не (извраща́ть) пра́вды. **11.** Не то́лько он, но и я (счита́ть), что вы пра́вы. **12.** И он и она́ (наста́ивать) на свои́х показа́ниях. **13.** Семья́ и я (храни́ть) заве́ты де́дов. **14.** Ни он ни я не (осужда́ть) вас. **15.** Мы с ней (помога́ть) ма́тери. **16.** Он с ним ча́сто (ссо́риться).

(b) *in the future tense:*

1. Вы с ним (уличи́ть) э́того негодя́я во лжи. **2.** Мы с тобо́й (сосредото́чить) внима́ние на рабо́те. **3.** Ты и я (спря́тать) э́ти де́ньги. **4.** Они́ и сосе́д (избежа́ть) ссо́ры. **5.** Вы и они́ (вскрыть) недоста́тки в рабо́те. **6.** Мы с ва́ми (напои́ть) друзе́й ча́ем. **7.** Ты и он (нанести́) мне уще́рб. **8.** Они́ с на́ми (наби́ть) мешо́к. **9.** Е́сли вы бу́дете ссо́риться, мы с ним (вступи́ться). **10.** Е́сли возни́кнет ссо́ра, я с бра́том (оказа́ться) в тру́дном положе́нии. **11.** Мы с ва́ми не (допусти́ть) тако́го произво́ла. **12.** Он с побо́рниками (разверну́ть) борьбу́. **13.** Не то́лько я, но и она́ (приня́ть) ну́жные ме́ры. **14.** Ни он ни мы не (заплати́ть) таку́ю дорогу́ю це́ну. **15.** Он и́ли жена́ (потре́бовать) объясне́ния.

II. *Make the verbal predicate agree in gender with the subject by filling in the missing letters wherever necessary.*

1. Вдали́ показа́л__с__ Капри́. **2.** Шоссе́ сто́ил__ больши́х де́нег. **3.** Буржуа́ явля́л__с__ чле́ном буржуа́зии в дореволюцио́нной Росси́и. **4.** Джугашви́ли при́нял__ псевдони́м Ста́лин. **5.** Интервью́ не состоя́л__с__. **6.** ООН (Организа́ция Объединённых На́ций) был__ осно́ван__ в 1945 году́. **7.** Та́нго исполня́л__с__ стру́нным орке́стром.

8. Мэта́ не хоте́л__ разгова́ривать. **9.** МХТ (Моско́вский Худо́жественный Теа́тр) приобрел__ мирову́ю изве́стность. **10.** Миссиси́пи игра́л__ ва́жную роль в колониза́ции Се́верной Аме́рики. **11.** Чи́ли уча́ствовал__ в конфере́нции. **12.** Мисс был__ бога́то оде́т__. **13.** Шимпанзе́ роди́л__ детёныша. **14.** Золя́ написа́л__ мно́го интере́сных рома́нов. **15.** Сан-Франци́ско расположен__ на берегу́ Ти́хого Океа́на. **16.** Впереди́ уже́ откры́л__с__ Борне́о. **17.** Его́ «Я уезжа́ю» причини́л__ жене́ мно́го го́ря. **18.** Вы́ступить про́тив обвине́ния оказа́л__с__ нелегко́. **19.** На столе́ лежа́л__ меню́. **20.** «Необходи́мо сопротивля́ться» ора́тора никого́ не убеди́л__.

PROBLEMS IN STYLISTICS

A. The particle **Ну** appears twice in the *Reading*.

a) Katarina addresses Djuseppe: — **Ну, добря́к, скажи́...** Here **Ну** is an interrogative particle: —*well?* (Katarina is waiting for an answer.)

b) Djuseppe answers Katarina: **Ну коне́чно...** Here **Ну** is a stressing particle. It stresses **коне́чно**: *but of course!*

Notice the expression: **Ну хорошо́!** *all right!*

c) **Ну** can also express apprehension in connection with **как** and the future tense of the perfective aspect of a verb:

    Ну как кто-нибу́дь придёт?   What if someone comes?

d) **Ну** in connection with **да**, *and*, expresses surprise: **да ну!** *You don't say!*

e) **Ну** can also indicate a deduction, a conclusion:

    Ну, сло́вом, ...   So, in a word . . .

f) **Ну** can also appear as an interjection expressing:

  (1) a desire to get rid of someone or something:

    ну его́, ну её, ну их   to heck with him, her, them

  (2) a surprise, either approving or disapproving:

    Ну и добря́к!   What a good soul!
    Ну и дурачи́на!   What a nitwit!

Write a short dialogue using the particle and interjection **ну** *in these various meanings.*

CHAPTER FOUR

B. Let us discuss the Russian equivalent for the English verb *to spend*:

1. тра́тить, истра́тить (де́ньги, си́лы) — to spend (money, strength)
   тра́тить, истра́тить (вре́мя на) — to use up (time for)
2. проводи́ть, провести́ вре́мя (как? где? — хорошо́, ве́село, у друзе́й, в кино́) — to spend time (how?, where? ...)

If the place and time are clearly indicated and the verb is used in its perfective aspect, *to spend, be* (a stated length of time) is translated with:

3. пролежа́ть (в больни́це, в крова́ти) — (in a hospital, in bed)
4. просиде́ть (в тюрьме́, в приёмной) — (in prison, in reception room)
5. простоя́ть (в коридо́ре, в о́череди) — (in the hall, in a line)

Note: in the present tense the verbs used are: **лежа́ть, сиде́ть, стоя́ть.**

Он лежи́т в больни́це. — He *is* in the hospital.
Он сиди́т в тюрьме́. — He *is* in prison.
Он стои́т в коридо́ре. — He *is* in the hall.

Form one sentence each with these five groups of verbs.

TRANSLATION

Translate into Russian.

1. The woman turned out to be the murderer. **2.** This little girl was born a cripple. **3.** Your son seems to be a very clever person. **4.** This old man is a terrible drunk. **5.** The poor thing was fired recently. **6.** My daughter used to be an idler, but now she is working hard (much); she hopes to become a professor. **7.** My son, on the other hand, is a self-educated person; he is very talented. **8.** In his youth he used to be a tramp. **9.** The boy was left a poor orphan. **10.** This woman is considered a very good teacher. **11.** He is a nasty drunk; when he drinks, he is capable of anything (everything). **12.** Doctor Dontsova told the patient not to be upset. **13.** Your "Of course" irritated me. **14.** The military attaché lent an ear to the opinion and advice of his guests. **15.** The NEP turned out to be a temporary phenomenon in the development of the Soviet Union. **16.** He spent five years in prison. Now he is in the hospital. **17.** I stood two hours on line and spent all my money on vegetables and meat. **18.** What if your friend arrives today? — To heck with him! **19.** How much time did you spend in Baku? — Only a few days. I used up a lot of time for a trip to the mountains. **20.** I want to get rid of this pushy person. He irritates me. **21.** Are you sure that you can justify your accusation? **22.** Why do you hesitate to repeat your words? **23.** Lucia was a terrible shouter; she could outshout anybody (all). **24.** No one had ever exposed Chirotta in a lie or contradiction. **25.** Katarina questioned Djuseppe like a judge. **26.** His eyes became bloodshot. **27.** He was so embarrassed that he began to mumble. **28.** His conscience was not clear. **29.** Lucia winked approvingly at him (at) Djuseppe. **30.** Meta fell upon Chirotta, but they were immediately separated.

CHAPTER 5

Agreement of Predicate and Subject in Number

Чте́ние: из кни́ги *Остров Сахалин*

Пя́того ию́ля 1890 го́да я при́был на парохо́де в го́род Никола́евск, оди́н из са́мых восто́чных пу́нктов на́шего оте́чества. Аму́р здесь о́чень широ́к, до мо́ря оста́лось то́лько 27 вёрст...[1]

Длина́ о́строва Сахали́на 900 вёрст; наибо́льшая его́ ширина́ равня́ется 125 и наиме́ньшая 25 вёрстам. Он вдво́е бо́льше Гре́ции и в полтора́ ра́за бо́льше Да́нии...

Во́зле при́стани по бе́регу, по-ви́димому без де́ла, броди́ло с полсо́тни ка́торжных: одни́ в хала́тах, други́е в ку́ртках и́ли пиджака́х из се́рого сукна́. При моём появле́нии вся полсо́тня сняла́ ша́пки; тако́й че́сти до сих пор, вероя́тно, не удоста́ивался ещё ни оди́н литера́тор...

Ле́том 1890 го́да, в бы́тность мою́ на Сахали́не, при Алекса́ндровской тюрьме́ чи́слилось бо́лее двух ты́сяч ка́торжных, но в тюрьме́ жи́ло то́лько о́коло 900. Вот ци́фры, взя́тые науда́чу: в нача́ле ле́та, 3-го ма́я 1890 го́да, дово́льствовалось из котла́ и ночева́ло в тюрьме́ 1279, в конце́ ле́та, 29-го сентября́, 675 челове́к...

По коли́честву старожи́лов Корса́ковка занима́ет на Се́верном Сахали́не едва́ ли не пе́рвое ме́сто — 43 хозя́ина сидя́т на свои́х уча́стках с са́мого основа́ния селе́ния. Перепи́сывая жи́телей, я встре́тил 8 челове́к, кото́рые при́были на Сахали́н до 1870 го́да...

Допу́стим, что мужчи́ны за́няты на ка́торжных рабо́тах, но что же де́лают 80 взро́слых же́нщин? На что ухо́дит у них

[1] **верста́**, *verst*—a measure of distance no longer used—0.66 of a mile.

время, которое здесь благодаря бедности, дурной погоде, непрерывному звону цепей,[2] постоянному зрелищу пустынных гор и шуму моря, благодаря стонам и плачу, которые часто доносятся из надзирательской, где наказывают плетями и розгами, кажется длиннее и мучительнее во много раз, чем в России. Это время женщины проводят в полном бездействии...

Интересна также семья Жакомини: отец, ходивший когда-то шкипером в Чёрном море, его жена и сын. Все трое в 1878 году были преданы в городе Николаеве военно-полевому суду за убийство и осуждены, как они сами уверяют, невинно...

Рождаемость в колонии сами ссыльные считают чрезмерно высокой, и это даёт повод к постоянным насмешкам над женщинами и к разным глубокомысленным замечаниям. Говорят, что на Сахалине самый климат располагает женщин к беременности. Женщины точно торопятся населить Сахалин. За десятилетний период до 1-го января 1890 года в колонии родилось 2275 детей обоего пола...

Утром выхожу на крыльцо. Небо серое, унылое, идёт дождь, грязно. От дверей к дверям торопливо ходит смотритель с ключами.

— Я тебе пропишу такую записку, что потом неделю чесаться будешь! — кричит он. — Я тебе покажу записку!

Эти слова относятся к толпе человек в двадцать каторжных, которые, как можно судить по немногим долетевшим до меня фразам, просятся в больницу. Они оборваны, вымокли на дожде, забрызганы грязью, дрожат; они хотят выразить мимикой, что им в самом деле больно, но на озябших, застывших лицах выходит что-то кривое, лживое, хотя быть может, они вовсе не лгут. Мне казалось, что я вижу крайнюю, предельную степень унижения человека, дальше которой нельзя уже идти...

Преступления, которые мы считаем лёгкими, здесь относятся к тяжёлым, и наоборот, большое число уголовных преступлений совсем не регистрируются, так как они счи-

---

[2] каторжных в кандалах.

CHAPTER FIVE

та́ются в тюре́мной сфе́ре явле́ниями обы́чными, почти́ необходи́мыми. Большинство́ уби́йств поража́ют свои́м бессмы́слием и жесто́костью. А есте́ственное и непобеди́мое стремле́ние к вы́сшему бла́гу — свобо́де, здесь рассма́тривается, как престу́пная накло́нность, и побе́г нака́зывается ка́торжными рабо́тами и плетя́ми, как тя́жкое уголо́вное преступле́ние.

А. П. Чехов
1893—94 г.

ВОПРОСЫ

1. Когда́ Че́хов посети́л о́стров Сахали́н?
2. Ско́лько ка́торжных бы́ло при Алекса́ндровской тюрьме́?
3. Что Че́хов пи́шет о Корса́ковке?
4. Почему́ на Сахали́не вре́мя ка́жется длинне́е чем в Росси́и?
5. Из кого́ состоя́ла семья́ Жакоми́ни и что вы о ней чита́ли?
6. Что ссы́льные ду́мают о рожда́емости на Сахали́не?
7. Каку́ю сце́ну Че́хов одна́жды ви́дел у́тром?
8. Како́е впечатле́ние произвела́ э́та сце́на на него́?
9. Каки́е преступле́ния счита́ются на Сахали́не лёгкими?
10. Каки́е преступле́ния счита́ются осо́бенно тяжёлыми?

VOCABULARY

безде́йствие idleness, inaction
бере́менность pregnancy
бессмы́слие senselessness
большинство́ majority
броди́ть, -ят to wander, roam; *also*: to ferment; **поброди́ть, -ят** *pf.*
в бы́тность during someone's stay

военнополево́й суд court martial
вы́мокнуть, -ут to get wet, be drenched; **вымока́ть, -ют** *imp.*
глубокомы́сленный profound
дово́льствоваться, дово́льствуются to draw supplies, be fed
доноси́ться, -ятся to be heard; **донести́сь, -у́тся** *pf.*

ПЯТАЯ ГЛАВА

дрожа́ть, -а́т to shiver, tremble; задрожа́ть, -а́т *pf.*
жесто́кость *f.* cruelty
забры́зганный spattered
засты́ть, засты́нут to harden, be stiff; застыва́ть, -ют *imp.*
звон clanging; *also*: chiming
зре́лище spectacle
кандалы́ shackles
ка́торжный convict
ключ key
котёл pot, kettle
криво́й crooked
крыльцо́ porch
ку́ртка jacket
лгать, лгут to lie; солга́ть, -у́т *pf.*
лжи́вый false, deceitful
мель *f.* bar (in water)
меньшинство́ minority
мучи́тельный agonizing
надзира́тельская overseer's room
нака́зывать, -ют to punish; наказа́ть, нака́жут *pf.*
накло́нность inclination
насме́шка mockery, sneer
науда́чу at random
недопи́тый unfinished (drink)
обо́рванный ragged
озя́бнуть, -ут *pf. only* to be chilled; *past*: озя́б, озя́бла
оте́чество fatherland
отре́зок section
перепи́сывать, -ют to make a census; *also*: to copy; переписа́ть, перепи́шут *pf.*
перечисле́ние enumeration
пиджа́к coat (of suit)
плач weeping
плеть *f.* lash
побе́г flight, escape
по́вод cause, ground

пол half; *also*: sex
полсо́тня fifty (half hundred)
поража́ть, -ют to astound, strike; порази́ть, -я́т *pf.*
преда́ть, предаду́т to hand over; *also*: to betray; предава́ть, -аю́т *imp.*
преде́льный utmost
предыду́щий previous, foregoing
преступле́ние crime
приблизи́тельный approximate
при́стань *f.* dock
прописа́ть, пропи́шут to prescribe; пропи́сывать, -ют *imp.*
проси́ться, -ятся в to apply for admission; попроси́ться, -ятся *pf.*
равня́ться, -ются to be equal; сравня́ться, -ются *pf.*
располага́ть, -ют to induce; to win over; to predispose, set; *also*: to dispose of (time, etc.); расположи́ть, -ат *pf.*
рожда́емость birth rate
ро́зга birch rod
смотри́тель supervisor
ссы́льный exile
старожи́л old-timer
стон groan
стремле́ние urge, striving
сугро́б snow drift
сукно́ cloth
торопи́ться, -ятся to hasten, hurry; поторопи́ться, -ятся *pf.*
тропли́вый hasty
тюре́мный *adj.* prison
тюрьма́ prison
тя́жкий grievous, serious
уби́йство murder
уголо́вный criminal
удоста́иваться, -ются to be honored; удосто́иться, -ятся *pf.*

55

CHAPTER FIVE

униже́ние humiliation
уны́лый cheerless, dismal
утомля́ть, -ю́т to hire, exhaust;
   утоми́ть, -я́т *pf.*
уча́сток plot (of land)
хала́т dressing gown
цепь *f.* chain

ци́фра figure, number
чеса́ться, че́шутся to scratch;
   почеса́ться, почешу́тся *pf.*
честь *f.* honor
чи́слиться, -ятся to be counted
чрезме́рный excessive
шки́пер skipper

Грамматика: Согласование сказуемого с подлежащим в числе

The question whether to use the singular or plural of a verbal predicate requires special attention when the subject is expressed by a numeral or a combination of a numeral and a noun.

A. When the subject is a numeral:

a) Cardinal numeral.—The predicate is in the 3rd person singular and in the past tense in neuter gender:

Во́семь де́лится на два.	Eight is divisible by two.
Из пятидесяти́ вёрст до мо́ря остава́лось то́лько два́дцать семь.	Out of fifty versts to the sea only twenty-seven remained (to be covered).

b) Collective numeral.—The predicate is in the third person plural if it follows the subject and in the third person singular if it precedes the subject:

   Тро́е вошли́.
But: Three entered.
   Вошло́ тро́е.

The plural is mandatory for the predicate if an adjective or pronoun, for instance *these, all, all these*, is added to the subject:

Э́ти тро́е вошли́.	These three entered.
Вошли́ э́ти тро́е.	
Все тро́е бы́ли пре́даны суду́.	All three were tried.

ПЯТАЯ ГЛАВА

B. When the subject is expressed by a combination of a numeral (this includes nouns with quantitative meaning such as "a dozen") and a noun in the genitive case, the predicate is either in the singular or in the plural.

  a) The predicate is in the *singular*

    (1) when the subject is inanimate or an animal:

Ка́ждый день **прихо́дит** два письма́.	Every day two letters arrive.
У забо́ра **стоя́ло** пять лошаде́й.	Five horses stood by the fence.

    (2) when the subject denotes an interval of time and the predicate states that—or how—this time elapses:

Прошло́ три дня.	Three days went by.
Де́сять мину́т **прохо́дит** бы́стро.	Ten minutes pass rapidly.

    But:

Три го́да труда́ **принесли́** результа́ты.	Three years of labor brought results.

(Here the predicate is in the plural, since it does not refer to a lapse of time.)

    (3) when the subject denotes an approximate quantity:

По бе́регу **броди́ло** с полсо́тни ка́торжных.	About fifty convicts roamed along the bank.

    (4) when one of the following words enters into the composition of the subject: **то́лько**, *only*; **всего́**, *in all*; **бо́лее**, *more*; **ме́нее**, *less*; **почти́**, *almost*; **мно́го**, in the meaning of *much*; **немно́го**, *some*; **ско́лько**, in the meaning of *how much*; **сто́лько**, in the meaning of *so much*; and also **пол**, *half*.

Ско́лько ржи **бы́ло со́брано** о́сенью!	How much rye was gathered in the fall!
Пол-стака́на воды́ **стоя́ло** на столе́.	Half a glass of water stood on the table.

  b) The predicate is in the *plural*:

    (1) when the nominal part of the subject, the noun in the genitive case, denotes persons and the predicate refers to these persons' active doings:

Со́рок три хозя́ина **сидя́т** на свои́х уча́стках.	Forty-three owners sit on their own plots of land.
Во́семь челове́к **при́были** на Сахали́н до 1870 го́да.	Eight people arrived on Sakhalin before 1870.

CHAPTER FIVE

      Пятьсо́т солда́т **возвраща́-**   Five hundred soldiers were
      лись с войны́.   returning from the war.

However, in order to stress the quantitative part of the subject, for instance in statistical enumerations, the predicate is in the singular:

      Роди́лось 2275 дете́й.   2275 children were born.
      В тюрьме́ **ночева́ло** 675   675 people spent the night in
      челове́к.   prison.

(2) when a pronoun or adjective is added to the subject—even an inanimate one (as mentioned above in **A.b**):

      Э́ти два рома́на **бы́ли**   These two novels were written.
      напи́саны.

(Instead of: два рома́на бы́ло напи́сано.)

      Недопи́тые пол-стака́на   The unfinished half-glass stood on
      стоя́ли на столе́.   the table.

(Instead of: пол-стака́на стоя́ло.)

(3) when the predicate is separated from the subject by other members of the sentence:

      У забо́ра **стоя́ли** гото́вые   By the fence stood five horses ready
      к отъе́зду пять лошаде́й.   for departure.

C. When the subject is a combination of **не́сколько**, *several*; **ско́лько**, in the meaning of *how many*; **мно́го**, in the meaning of *many*; **ма́ло**, *a few*; **сто́лько**, in the meaning of *so many*; **большинство́**, *the majority*; **меньшинство́**, *the minority*; or **мно́жество**, *a multitude*, and a noun is in the genitive *plural*, the predicate is usually:

    a) in the plural, if it denotes an active construction:

      Большинство́ уби́йств   The majority of murders startle
      поража́ют свои́м бессмы́с-   by their senselessness and
      лием и жесто́костью.   cruelty.
      Ско́лько люде́й вспомина́ют   How many people remember you.
      вас.

    b) in the singular, if it denotes a passive construction:

      Мно́жество уби́йц **бы́ло**   A multitude of murderers were
      со́слано на Сахали́н.   exiled to Sakhalin.
      Не́сколько челове́к **у́мерло** от   Several people died of this
      э́той боле́зни.   disease.

ПЯТАЯ ГЛАВА

SYNTACTICAL EXERCISES

I. *Read the sentences and explain the reason for the singular or plural form of the predicate.*

1. У меня на полке стоит много книг. 2. Несколько человек выступили вперёд. 3. Все двадцать шесть поют. 4. Трое составляли семью Жакомини. 5. Пять минут прошло в молчании. 6. Эти пять минут прошли в молчании. 7. Большинство учеников пришли вовремя. 8. Все сто человек слушали речь делегата. 9. Прошло ещё пять дней. 10. Пол неба было покрыто тучами. 11. Несколько месяцев непрерывной работы очень меня утомили. 12. В этом году в колонии родилось 3255 детей. 13. Выехало двое, остальные пять выедут завтра. 14. Пятьдесят делится на пять. 15. Человек сто слушало речь делегата. 16. Три сестры сидели за столом. 17. Сколько тут было пассажиров. 18. На полке стоят купленные мною четыре книги. 19. Все трое работали в надзирательской. 20. Великое множество слуг было уволено.

II. *Make the verbs in parentheses agree with the subject and put them in the past tense. Indicate where two variants are possible.*

1. В прошлом году (состояться) несколько запусков спутников. 2. Около сорока человек (гулять) по улице. 3. Четверо больных (проситься) в госпиталь. 4. За последние два месяца в этой больнице (умереть) 22 пациента. 5. (прийти) трое молодых людей. 6. Множество рабочих (идти) с фабрики домой. 7. Из десяти человек (остаться) только двое, остальные восемь (уйти). 8. (Раздаться) два звонка. 9. Эти три преступления (относиться) к тяжёлым. 10. Пять человек (прибыть), а семеро (уехать). 11. Эти два ссыльных (оказаться) невинными. 12. Среди жителей этого селения (числиться) 250 детей. 13. Пятьдесят два каторжных (ночевать) в тюрьме. 14. В большом зале ресторана (сидеть) человек двадцать. 15. (Возникнуть) два вопроса. 16. Последние две недели (протечь) очень быстро. Два часа (пройти) быстро. 17. У дома (стоять) два быка. 18. (пройти) два года. 19. У ног охотника (лежать) убитые им два медведя. 20. В этой деревне за последний год (родиться) 22 мальчика и 15 девочек.

59

CHAPTER FIVE

PROBLEMS IN STYLISTICS

(*Review*)

A. *Translate the sentences below formed with homonyms encountered in preceding chapters. Each of these homonyms has 3–4 different meanings. Form your own sentence with each.*

a) **Наноси́ть, нанести́:**
1. Сло́во «спу́тник» переродило́сь и нанесло́ непоправи́мый ущéрб своему́ первонача́льному смы́слу.
2. Ка́ждую зи́му бу́ри наноси́ли сюда́ огро́мные сугро́бы.
3. Бу́ря нанесла́ парохо́д на мель.
4. Учи́тель попроси́л ученико́в нанести́ на ка́рту все изве́стные им города́.

b) **Оборо́т:**
1. В ле́ксике Пу́шкина не́ было и быть не могло́ ты́сячи оборо́тов, со́зданных бо́лее по́здними поколе́ниями ру́сских люде́й.
2. Колёса э́той маши́ны де́лают не́сколько сот оборо́тов в мину́ту.
3. Торго́вец пусти́л де́ньги в оборо́т.
4. На оборо́те фотогра́фии бы́ло ука́зано число́, когда́ её снима́ли.

c) **Раздава́ться, разда́ться:**
1. Встава́ли ра́но, при тру́бных зву́ках, ре́зко раздава́вшихся по коридо́рам.
2. Толпа́ раздала́сь, как то́лько подошёл милиционе́р.
3. Мы услы́шали, что раздава́лись беспла́тные биле́ты.

d) **Убира́ть, убра́ть:**
1. Джузе́ппе убра́л го́лову в пле́чи.
2. Прошу́ вас убра́ть э́того негодя́я отсю́да.
3. Де́вушка убрала́ декольти́рованное пла́тье цвета́ми.
4. Здесь стра́шный беспоря́док — хозя́йка давно́ не убира́ла ко́мнаты.

B. *Find two more homonyms in the preceding chapters with two different meanings and form a sentence with each one.*

TRANSLATION

Translate into Russian.

1. Near the dock stood several ragged, spattered, shivering exiles. **2.** When Chekhov made a census of the population of the island, about 900 convicts were living in the main prison. **3.** A large number of the women were spending their time in complete idleness. **4.** The birthrate is high. Over two thousand children of both sexes were born during a ten-year period. **5.** Half the village consisted of old-timers, but among them only a few had arrived in Sakhalin before 1870. **6.** The three months which Chekhov spent on Sakhalin passed rapidly. **7.** A minority of convicts had been (handed over to) court-martialed. The majority of exiles had committed serious crimes.

8. These four children all passed through the illness. **9.** Almost one hundred men and over fifty women were placed under suspicion. All of them spent several years in prison. **10.** How many agonizing groans were heard! **11.** The unfinished half-cup of tea stood on the table. **12.** Three were convicted. **13.** All three were convicted. **14.** Convicted were three. **15.** The half hour spent with him gave me great pleasure. **16.** There were many delegates in the room. The majority were already seated (occupied their seats). **17.** Several people were admitted after the opening (beginning) of the conference.

PART II

*Dependent Elements
of
a Sentence*

CHAPTER 6

The Attribute

Чтение: из романа *Война и мир*

Характери́стика Андре́я Болко́нского

1. Ве́чер у А́нны Па́вловны Шере́р. В э́то вре́мя в гости́ную вошло́ но́вое лицо́. Но́вое лицо́ э́то был молодо́й князь Андре́й Болко́нский, муж ма́ленькой княги́ни. Князь Болко́нский был небольшо́го ро́ста, весьма́ краси́вый молодо́й
5 челове́к с определёнными и сухи́ми черта́ми. Всё в его́ фигу́ре, начина́я от уста́лого, скуча́ющего взгля́да до ти́хого ме́рного ша́га, представля́ло са́мую ре́зкую противополо́жность с его́ ма́ленькою оживлённою жено́й. Ему́, ви́димо, все бы́вшие в гости́ной не то́лько бы́ли знако́мы, но уж надое́ли ему́ так,
10 что и смотре́ть на них и слу́шать их ему́ бы́ло о́чень ску́чно. Из всех же прискучи́вших ему́ лиц лицо́ его́ хоро́шенькой жены́, каза́лось, бо́льше всех ему́ надое́ло. С грима́сой, по́ртившею его́ краси́вое лицо́, он отверну́лся от неё...

2. Разгово́р с Пье́ром Безу́ховым. Они́ вошли́ в изя́щно,
15 за́ново, бога́то отде́ланную столо́вую. Всё, от салфе́ток до серебра́, фая́нса и хрусталя́, носи́ло на себе́ тот осо́бенный отпеча́ток новизны́, кото́рый быва́ет в хозя́йстве молоды́х супру́гов. В середи́не у́жина князь Андре́й облокоти́лся и, как челове́к, давно́ име́ющий что-нибу́дь на се́рдце и вдруг
20 реша́ющийся вы́сказаться, с выраже́нием не́рвного раздраже́ния, в како́м Пьер никогда́ ещё не вида́л своего́ прия́теля, на́чал говори́ть: — Никогда́, никогда́ не жени́сь, мой друг; вот тебе́ мой сове́т, не жени́сь до тех пор, пока́ ты не ска́жешь себе́, что ты сде́лал всё, что мог, и до тех по́р, пока́ ты не
25 переста́нешь люби́ть ту же́нщину, каку́ю ты вы́брал, пока́ ты

не увидишь её ясно; а то ты ошибёшься жестоко и непоправимо. Женись стариком, никуда не годным —.

— Как он может это говорить? — думал Пьер. Пьер считал князя Андрея образцом всех совершенств именно оттого, что князь Андрей в высшей степени соединял все те качества, которых не было у Пьера и которые ближе всего можно выразить понятием — силы воли... Ежели часто Пьера поражало в Андрее отсутствие способности мечтательного философствования, (к чему особенно был склонен Пьер) — то и в этом он видел не недостаток, а силу...

3. Впечатление князя Андрея о Сперанском. Князь Андрей такое огромное количество людей считал презренными и ничтожными существами, так ему хотелось найти в другом живой идеал того совершенства, к которому он стремился, что он легко поверил, что в Сперанском он нашёл этот идеал вполне разумного и добродетельного человека... Первый, длинный разговор с Сперанским только усилил в князе Андрее то чувство, с которым он в первый раз увидал Сперанского. Он видел в нём разумного, строго мыслящего, огромного ума человека, энергией и упорством достигшего власти и употребляющего её только для блага России. Сперанский, в глазах князя Андрея, был именно тот человек, разумно объясняющий все явления жизни, признающий действительным только то, что разумно, и ко всему умеющий прилагать мерило разумности, которым он сам так хотел быть... Вообще главная черта ума Сперанского, поразившая князя Андрея, была несомненная, непоколебимая вера в силу и законность ума... Первое время своего знакомства с Сперанским князь Андрей питал к нему страстное чувство восхищения, похожее на то, которое он когда-то испытывал к Бонапарте.

Л. Н. Толстой
1863—69 г.

ШЕСТАЯ ГЛАВА

ВОПРОСЫ

1. Где появляется князь Андрей?
2. Опишите его фигуру.
3. Как он относился ко всем, бывшим в гостиной?
4. Как он относился к своей жене?
5. Где происходит разговор между князем Андреем и Пьером Безуховым? Опишите это место.
6. Какой совет князь Андрей даёт Пьеру?
7. Какого мнения был Пьер о князе Андрее?
8. Чего князь Андрей искал в других людях? Почему?
9. Какое впечатление произвёл Сперанский на князя Андрея?
10. Какое чувство питал князь Андрей к Сперанскому в начале их знакомства?

VOCABULARY

благо welfare, good
весьма highly
взгляд glance
вой howl
восхищение admiration; ecstasy
вполне fully
высказаться, выскажутся to express one's opinion; **высказываться, -ются** *imp.*
действительный real, actual
добродетельный virtuous
достичь, достигнут to achieve; to reach; **достигать, -ют** *imp.*
ежели if
законность validity, legitimacy
заново anew
испытывать, -ют to experience; *also*: to test; **испытать, -ют** *pf.*
княгиня princess

князь *m.* prince
лай bark
мерило standard
мерный measured
мечтательный dreamy, pensive
мыслящий intellectual
надоесть, надоедят to bore; *also*: to pester; **надоедать, -ют** *imp.*
назначение purpose; appointment
негодный unfit
недостаток shortcoming; shortage
непоколебимый unshakable
несомненный unquestionable
ничтожный insignificant
новизна novelty, newness
облокотиться, -ятся to lean on one's elbow; **облокачиваться, -ются** *imp.*
образец model

оживлённый lively
определённый definite
определя́ть, -ют to determine;
    определи́ть, -я́т pf.
отверну́ться, -у́тся to turn away;
    отвора́чиваться, -ются imp.
отде́лать, -ют to finish, trim; also:
    to give a dressing down;
    отде́лывать, -ют imp.
отпеча́ток imprint
отсу́тствие absence
ошиби́ться, -у́тся to make a
    mistake; past: оши́бся;
    ошиба́ться, -ются imp.
переста́ть, переста́нут to cease,
    stop; перестава́ть, перестаю́т
    imp.
пита́ть, -ют to nourish
подно́с tray
поня́тие concept
по́ртить, -ят to spoil; испо́ртить,
    -ят pf.
поясни́тельный explanatory
презре́нный contemptible
пре́лесть f. charm
при́знак sign, indication
прилага́ть, -ют to apply;
    приложи́ть, -ат pf.
принадле́жность belonging
прискучи́ть, -ат pf. only to weary,
    bore

происхожде́ние origin
противополо́жность contrast
раздраже́ние irritation
разу́мность rationality
разу́мный rational
рог horn
салфе́тка napkin
сво́йство characteristics
си́ла во́ли willpower
скло́нный inclined
соверше́нство perfection
соединя́ть, -ют to combine, unite;
    соедини́ть, -я́т pf.
спосо́бность capacity
стра́стный passionate
стреми́ться, -я́тся to strive, long for
супру́ги husband and wife;
    супру́г husband; супру́га wife
суро́вый bleak, stern
существо́ being
убе́жище refuge
упо́рство persistence
уси́лить, -ят to intensify;
    уси́ливать, -ют imp.
уточне́ние more precise definition
фая́нс delft china
характеризова́ть, характеризу́ют
    to define, describe
хоро́шенький pretty
хруста́ль m. crystal
шку́ра hide

Грамматика: Определение

An attribute is a word which characterizes another word indicating that word's quality, traits or feature. An attribute can qualify not only the subject or

ШЕСТАЯ ГЛАВА

predicate, but any part of the sentence expressed by a noun, a pronoun, a cardinal numeral or a substantivized word.

There are two principal groups of attributes: 1) Those which agree in number and case—and in the singular in gender as well—with the word they qualify and 2) those which do not agree with the qualified word.

A. Attributes *agreeing* with the qualified word can be expressed by:

   a) an adjective:

      (1) a qualitative adjective, normally only in its complete form:

      В гости́ную вошло́ **но́вое** лицо́.

      A new person entered the living room.

      (2) a relative adjective:

      Па́луба была́ заста́влена **камышо́выми** кре́слами.

      The deck was blocked (filled) with cane chairs.

   b) a pronoun:

      Пьер ещё никогда́ не вида́л **своего́** прия́теля с таки́м выраже́нием не́рвного раздраже́ния.

      Pierre had never yet seen his friend with such an expression of nervous irritation.

   c) an ordinal numeral:

      Пе́рвое вре́мя своего́ знако́мства с Спера́нским князь Андре́й пита́л к нему́ стра́стное чу́вство восхище́ния.

      In the beginning of his acquaintance with Speransky prince Andrey experienced (nourished) a feeling of passionate admiration toward him.

   d) the cardinal numeral **оди́н** in the meaning of *one, alone—some*:

      Одни́ ка́торжные бы́ли в хала́тах, други́е в ку́ртках и́ли пиджака́х.

      Some convicts were in dressing gowns, others in jackets or suit coats.

   e) a participle, frequently accompanied by related words:

      Из всех приску́чивших ему́ лиц лицо́ его́ хоро́шенькой жены́, каза́лось, бо́льше всех ему́ надое́ло.

      Among all the faces which bored him, the face of his pretty wife, it seemed, bored him most.

CHAPTER SIX

B. The following should be noted about the agreement of attribute and qualified word.

a) If the attribute qualifies the combination of a numeral from 5 through 20, 25 through 30, etc. with a noun, the attribute is in the genitive plural:

 пять **серébряных** поднóсов five silver trays
 трúдцать **камышóвых** крéсел thirty cane chairs

If the numerals 2, 3 or 4 are part of the qualified word-group, the use of the genitive plural is spreading in contemporary Russian. It predominates in the following cases:

When the noun which enters into the composition of the qualified word-group is masculine or neuter and the attribute appears *after* the numeral:

 четы́ре **добродéтельных** человéка four virtuous men
 два **непоколебúмых** убеждéния two unshakeable convictions

When the noun which enters into the composition of the qualified word-group is feminine and the stress in the nominative plural *differs* from the stress in the genitive singular, as for instance: **рýки**, *hands*, **рукú** (gen. sing.); **стéны**, *walls*, **стены́** (gen. sing.); **зúмы**, *winters*, **зимы́** (gen. sing.).

 две **сúльных** рукú two strong hands
 три **высóких** стены́ three high walls
 четы́ре **холóдных** зимы́ four cold winters

b) In spite of the spreading use of the genitive plural, two cases where the *nominative* plural prevails for the attribute should be noted.

The first case concerns the instances when the attribute agreeing with the word it qualifies is an ordinal numeral or **кáждый**, *each*, *every*; **другóй**, *another*; **послéдний**, *last*, and appears *before* the numeral of the word-group:

 пéрвые пять сýток the first five days (24 hour periods)
 кáждые два дня every two days
 послéдние две зимы́ the last two winters

The second case concerns instances when the qualified word-group consists of the numeral 2, 3 or 4 and a feminine noun in which the stress in the nominative plural does *not* differ from the stress in the genitive singular:

 две **красúвые** лóшади two beautiful horses
 три **стрóйные** фигýры three slender figures

ШЕСТАЯ ГЛАВА

c) The rules discussed in Chapter 4 concerning agreement of predicate and subject in gender apply to attributes as well:

Дул **вла́жный** сиро́кко.	A moist sirocco was blowing.
Весь ЦК обсужда́л...	The entire Central Committee was discussing...
Ва́ше **ре́зкое** «Нет» ему́ не понра́вилось.	Your sharp "No" displeased him.
Но́вое метро́ стро́илось не́сколько лет.	The new subway was under construction for several years.
Него́дный Чиро́тта поссо́рился с Ме́та.	The worthless Chirotta quarrelled with Meta.
Тала́нтливая Виардо́ была́ знамени́той певи́цей.	The talented Viardot was a famous singer.
Он оказа́лся **больши́м** у́мницей.	He turned out to be a very clever man.
Она́ ста́ла **бе́дной** сирото́й.	She became a poor orphan.

However, attributes qualifying members of a profession nowadays open to women as well as men, remain in the masculine gender:

Вошла́ **энерги́чный** дире́ктор Ивано́ва.	The energetic director Ivanova came in.

d) Note that a few pronouns can function as attributes assuming the meaning of a qualitative pronouncement:

(1) **свой** can mean *a certain, distinctive*:

Суро́вая приро́да э́того о́строва име́ет **свою́** пре́лесть.	The bleak nature of this island has a certain charm.

(2) **не́который** can mean *not prolonged, of brief duration*:

Он отве́тил по́сле **не́которого** колеба́ния.	He answered after a brief moment of hesitation.

(3) **како́й-то** can mean *of some sort, inexplicably*:

Он сего́дня **како́й-то** стра́нный.	Today he is somehow strange.

(4) **како́й-нибу́дь** and **вся́кий** can express contempt, meaning *insignificant, not deserving attention*:

Не бу́ду я разгова́ривать с **каки́м-нибу́дь** бродя́гой.	I am not going to talk to some sort of tramp.

CHAPTER SIX

  Не допущу́ я, что́бы I will not tolerate just any
   вся́кий негодя́й мне на́ scoundrel to step on my toes
  но́ги наступа́л. (feet).

e) An apposition is also considered as an attribute which agrees with the qualified word:

  изво́зчик Джузе́ппе the cabdriver Djuseppe
  ка́торжник старожи́л the convict — oldtimer

C. An attribute *without agreement* with the qualified word can be:

 a) A noun in the genitive or instrumental without preposition. In the genitive such an attribute can indicate:

  (1) ownership, belonging:
   хозя́йство **молоды́х** the household of the young
    супру́гов   couple
  (2) age:
   челове́к **тридцати́ лет** a man thirty years old
  (3) size, height:
   Князь Болко́нский был Prince Bolkonsky was of small
   небольшо́го ро́ста. stature.
  (4) a qualitative appraisal:
   челове́к **огро́много ума́** a man of great intelligence
  (5) such an attribute can elucidate the qualified word:
   отпеча́ток **новизны́** an imprint of newness
   сте́пень **униже́ния** degree of humiliation

In the instrumental case nouns without prepositions are used less frequently as attributes, and serve mainly the purpose of comparative characterization:

  нос **крючко́м** a hooked (hook like) nose
  дым **трубо́й** smoke in the shape of a pipe
         (in a spiral)

 b) Without agreement are also attributes expressed by nouns with prepositions. These attributes are extremely varied. The principal groups of them are:

  (1) the preposition **из** and the noun in the genitive to indicate:
   the material of which an object is made:
    мост **из до́сок** a bridge made out of planks

social origin:
    человéк **из крестья́н**   a man of peasant origin

(2) the preposition **для** and the noun in genitive to indicate the purpose of an object:
    таре́лка **для су́па**   a soup plate

(3) the preposition **по** and the noun in dative to indicate a profession, kinship or a similar relation:
    това́рищ **по ко́мнате**   the roommate

(4) the preposition **с** and the noun in instrumental to denote a characteristic trait:
    де́вушка **с ры́жими волоса́ми**   a girl with red hair

(5) the preposition **в** and the noun in prepositional to denote an external feature, such as clothing, accessories:
    человéк **в хала́те, в очка́х**   a man in a dressing gown, wearing glasses

(6) the preposition **в** or **на** and the noun in accusative to indicate quantity or direction:
    гру́ппа **в два́дцать человéк**   a group consisting of twenty people
    доро́га **в Москву́, на за́пад**   the road to Moscow, westward

c) An attribute without agreement can also be expressed by:

(1) an adverb:
    прогу́лка **вдвоём**   a stroll together (the two of . . .)
    поворо́т **напра́во**   a turn to the right

(2) an infinitive:
    обя́занность **рабо́тать**   the obligation to work

SYNTACTICAL EXERCISES

I. *In the following sentences find the attributes agreeing with the qualified word and indicate what part of speech they represent.*

1. Пу́шкин прида́л ру́сскому языку́ прозра́чную я́сность и золоту́ю простоту́. **2.** До са́мого Гибралта́ра пришло́сь плыть то в ледяно́й мгле, то среди́ бу́ри с мо́крым снéгом. **3.** Встава́ли при тру́бных звýках, рéзко раздавáвшихся по коридóрам. 4. Пассажúры совершáли дневны́е туалéты и шли к пéрвому зáвтраку. 5. Онú смотрéли на пéнистые бугры́, мелькáвшие за бóртом. 6. Нýжно бы́ло развенчáть позóрные мéтоды руковóдства, процветáвшие при Стáлине. 7. Крúтика, дáже сáмая óстрая, помогáет нáшему движéнию вперёд. 8. Нельзя́ бы́ло поня́ть, кто пéрвый вы́звал ссóру. 9. Он пóнял, к чемý э́ти вопрóсы. 10. Мóжет быть ты замéтил однý осóбенность Кончетúны? 11. На озя́бших, засты́вших лúцах выхóдит что-то кривóе, лжúвое. 12. Пéрвый, длúнный разговóр с Сперáнским тóлько усúлил в кня́зе Андрéе то чýвство, с котóрым он в пéрвый раз увидáл Сперáнского.

II. *Using the indicated number put the nouns and adjectives in parentheses in the proper form and build one sentence with each.*

1. 2 (непоправúмая ошúбка) **2.** 4 (сýмрачная ночь) **3.** 3 (кривáя доскá) **4.** 2 (оживлённая дéвушка) **5.** 5 (тяжёлый удáр) **6.** 3 (хорóшенькая сестрá) **7.** 2 (определённое противорéчие) **8.** 5 (смéлый побéг) **9.** 3 (серьёзное опасéние) **10.** 2 (сúльная ногá) **11.** 6 (одинóкая фигýра) **12.** 4 (любя́щая дочь).

III. a. *In the following attributes explain the reason for the choice of preposition — or for its absence.*

1. лóжка из серебрá **2.** убéжище для птиц **3.** вáза из хрусталя́ **4.** лай собáки **5.** водá со льдóм **6.** поднóс из фая́нса **7.** кóмната для детéй **8.** пиджáк из сукнá **9.** шкýра медвéдя **10.** ружьё охóтника **11.** стáтуя из мрáмора **12.** вой вóлка **13.** рогú быкá **14.** рубáшка из фланéли **15.** гражданúн Грýзии **16.** вагóн для пассажúров **17.** врéмя для рабóты **18.** дверь из желéза **19.** пóлка для книг **20.** дéвочка с чёрными глазáми **21.** лáски мáтери **22.** луч сóлнца **23.** собрáние пионéров **24.** жéнщина двадцатú пятú лет.

b. *Replace the above attributes without agreement with synonymous attributes with agreement, that is, with relative adjectives.*

c. *Indicate which of these relative adjectives have also a qualitative meaning.*

ШЕСТАЯ ГЛАВА

PROBLEMS IN STYLISTICS

A. In the Reading passage of this Chapter occur (*a*) three expressions which convey a positive appraisal of a person and (*b*) one participle and two adjectives which express a negative evaluation of a person.

(*a*) 1. ... считал образцо́м всех совершéнств...
2. ... в вы́сшей сте́пени соединя́л все те ка́чества...
3. ... пита́л к... стра́стное чу́вство восхище́ния...
(*b*) 4. приску́чивший   5. презре́нный   6. ничто́жный

Form one sentence with each of these expressions.

B. *In Chapter 2 you read the adjective* **круто́й** *in combination with the noun* **яйцо́**: **круты́е я́йца**, hard boiled eggs. *Determine the different meaning of the adjective* **круто́й** *in combination with following nouns and form one sentence with each of them:*

1. круто́й бе́рег **2.** круто́й поворо́т **3.** круто́й хара́ктер **4.** круто́й кипято́к **5.** крута́я ше́я **6.** круты́е ме́ры.

TRANSLATION

Translate into Russian.

1. I fully agree that Lucia is a gifted person. But she has certain shortcomings. **2.** Prince Andrey experienced somehow a feeling of irritation when he talked to insignificant people. **3.** Mrs. Ivanova is unquestionably a jack-of-all-trades. But she has a stern character. **4.** The young pretty miss carried the silver tray into the scullery. **5.** She gave me a cup of hot cocoa to drink. **6.** Some convicts wore coats, others — dressing gowns. **7.** I will not permit just anyone to spoil the evening. **8.** Do you play in this string orchestra? No, I am not very fond of music. **9.** After a brief moment of silence he confessed that he had overestimated his strength. **10.** Every two hours a group of about 20 people passed by. **11.** Beautiful Puerto Rico was flourishing during my stay there. **12.** The last five days brought a drastic change in the situation. **13.** Our favorite professor is Doctor Dontsova. **14.** Today's menu was lying on the table. **15.** Several

75

CHAPTER SIX

agonizing groans could be (were) heard. **16.** Your confident "Yes" provoked shouts: — Can it be!? **17.** My old schoolmate is a man of great intelligence, persistence and energy. **18.** The faces of these idlers bore me. **19.** This old nitwit of a driver (driver — nitwit) did not see the sharp turn. **20.** These comrades spent the last two years in prison.

CHAPTER 7

The Object

Чте́ние: из рома́на *Тихий Дон*

Акси́нья.

1. Акси́нью вы́дали за Степа́на Аста́хова семна́дцати лет.[1] Взя́ли её с ху́тора Дубро́вки, с той стороны́ До́на, с песко́в.

За́ год до вы́дачи о́сенью паха́ла она́ в степи́, вёрст за во́семь от ху́тора. Но́чью оте́ц её, пятидесятиле́тний стари́к, связа́л ей ру́ки и изнаси́ловал. «Убью́, е́жели пи́кнешь сло́во, а бу́дешь пома́лкивать — спра́влю плю́шевую ко́фту и ге́тры с кало́шами. Так и по́мни — убью́, е́жели что...» пообеща́л он ей.

Но́чью, в одно́й изо́рванной руба́шке, прибежа́ла Акси́нья в ху́тор. Валя́ясь в нога́х у ма́тери, давя́сь рыда́ниями, расска́зывала. Мать и ста́рший брат запрягли́ в бри́чку лошаде́й, посади́ли с собо́й Акси́нью и пое́хали туда́, к отцу́. Отца́ нашли́ во́зле ста́на. Пья́ный, спал он на разо́стланном зипуне́, о́коло валя́лась поро́жняя из-под во́дки буты́лка. На глаза́х у Акси́ньи брат отцепи́л от бри́чки баро́к, нога́ми по́днял спя́щего отца́, что-то ко́ротко спроси́л у него́ и уда́рил око́ванным барко́м старика́ в перено́сицу. Вдвоём с ма́терью би́ли его́ часа́ полтора́. Акси́нья лежа́ла под бри́чкой, уку́тав го́лову, мо́лча трясла́сь. Пе́ред све́том привезли́ старика́ домо́й. Он жа́лобно мыча́л, ша́рил по го́рнице глаза́ми, оты́скивая спря́тавшуюся Акси́нью. Из оторванного у́ха его́ кати́лась на поду́шку кровь. К ве́черу он по́мер. Лю́дям сказа́ли, что пья́ный упа́л с арбы́ и уби́лся.

А че́рез год прие́хали на наря́дной бри́чке сва́ты за Акси́ньей. Высо́кий, ста́тный, крутоше́ий Степа́н неве́сте

---

[1] Де́йствие происхо́дит пе́ред нача́лом Пе́рвой мирово́й войны́.

понра́вился, на осе́нний мясое́д[2] назна́чили сва́дьбу... На друго́й же день по́сле сва́дьбы в амба́ре Степа́н обду́манно и стра́шно изби́л молоду́ю жену́. Бил в живо́т, в гру́ди, в спи́ну; бил с таки́м расчётом, что́бы не ви́дно бы́ло лю́дям. С той поры́ стал он прихва́тывать на стороне́, уходи́л чуть не ка́ждую ночь, замкну́в Акси́нью в амба́ре. Го́да полтора́ не проща́л ей оби́ду, пока́ не роди́лся ребёнок. По́сле э́того прити́х, но на ла́ску был скуп и попре́жнему ре́дко ночева́л до́ма...

2. Когда́ Григо́рий Ме́лехов, заи́грывая, стал Акси́нье поперёк пути́, с у́жасом уви́дела она́, что её тя́нет к чёрному ла́сковому па́рню. Он упо́рно, насто́йчиво её обха́живал. И э́то-то упо́рство и бы́ло стра́шно Акси́нье. Она́ ви́дела, что он не боя́лся Степа́на, нутро́м чу́яла, что так он от неё не отсту́пится, и, ра́зумом не жела́я э́того, сопротивля́лась все́ми си́лами, замеча́я за собо́й, что ста́ла тща́тельней наряжа́ться, обма́нывая себя́, норови́ла поча́ще попада́ться ему́ на глаза́...

3. *По́сле того́, как Акси́нья ста́ла любо́вницей Григо́рия.*
Остава́лось полторы́ неде́ли до возвраще́ния Степа́на из ла́геря. Акси́нья неи́стовствовала в по́здней го́рькой свое́й любви́. Несмотря́ на угро́зы отца́, Григо́рий, тая́сь, уходи́л к ней с но́чи и возвраща́лся с заре́й.

Акси́нья ходи́ла не ку́тая лица́ платко́м, тра́урно черне́ли глубо́кие я́мы под глаза́ми; припу́хшие, слегка́ вы́вернутые, жа́дные гу́бы её беспоко́йно и вызыва́юще смея́лись. Так необыча́йна и я́вна была́ сумасше́дшая их связь, так исступле́нно горе́ли они́ одни́м бессты́дным по́лымем, люде́й не со́вестясь и не тая́сь, что тепе́рь на них при встре́чах почему́-то стыди́лись лю́ди смотре́ть.

Е́сли б Григо́рий ходи́л к Акси́нье, де́лая вид, что скрыва́ется от люде́й, е́сли б Акси́нья жила́ с Григо́рием, блюдя́ э́то в относи́тельной та́йне, и в то же вре́мя не отка́зывала бы други́м, то в э́том не́ было бы ничего́ необы́чного,

---

[2] a period free of fasting when the Orthodox Church permitted consumption of meat and with it, festivities and celebrations.

хле́щущего по глаза́м. Ху́тор поговори́л бы и переста́л. Но они́ жи́ли почти́ не тая́сь, вяза́ло их что́-то большо́е, непохо́жее на коро́ткую связь, и поэ́тому в ху́торе реши́ли, что э́то — престу́пно и безнра́вственно... Мир умира́л для Акси́ньи, когда́ Григо́рий отсу́тствовал, и возрожда́лся за́ново, когда́ он был о́коло неё.

М. А. Шо́лохов
1928—1940 г.

ВОПРО́СЫ

1. Что сде́лал оте́ц Акси́ньи за́ год до её сва́дьбы?
2. Что он обеща́л до́чери?
3. Кому́ Акси́нья рассказа́ла, что случи́лось?
4. Что сде́лали мать и ста́рший брат Акси́ньи?
5. Что сказа́ли лю́дям, когда́ оте́ц Акси́ньи у́мер?
6. Что сде́лал Степа́н на друго́й день по́сле сва́дьбы?
7. Как он относи́лся к жене́ по́сле того́ как роди́лся ребёнок?
8. Кого́ полюби́ла Акси́нья?
9. Почему́ лю́ди стыди́лись смотре́ть на Акси́нью и Григо́рия?
10. Что лю́ди в ху́торе ду́мали об э́той свя́зи?

VOCABULARY

амба́р barn
арба́ cart
баро́к harness cross-bar
безнра́вственный immoral
бессты́дный shameless
блюсти́, блюду́т to preserve, keep; **соблюсти́, соблюду́т** pf.
бри́чка trap (light carriage)

буты́лка bottle
валя́ться, -ются to lie around; **валя́ться в нога́х** to collapse at someone's feet
возвраще́ние return
возрожда́ться, -ются to be reborn; **возроди́ться, -я́тся** pf.
вы́вернутый turned outward

CHAPTER SEVEN

вы́дать, вы́дадут to give in marriage; *also:* to distribute; to betray; выдава́ть, -ю́т *imp.*
вы́дача giving out (*here:* in marriage)
вызыва́ющий arrogant
ге́тры spats, gaiters
го́рница room, chamber
гру́ди breasts
дави́ться, -я́тся to choke; подави́ться, -я́тся *pf.*
де́лать вид to pretend; сде́лать (вид) *pf.*
жа́дный greedy
жа́лобный pitiful
живо́т stomach
заи́грывать, -ют to flirt
замкну́ть, -у́т to lock up; замыка́ть, -ют *imp.*
запря́чь, -гу́т to harness; запряга́ть, -ют *imp.*
заря́ dawn
зипу́н homespun coat
изби́ть, изобью́т to beat up; избива́ть, -ют *imp.*
изнаси́ловать, изнаси́луют to rape
изо́рванный tattered
исступле́нный frenzied
кало́ши rubbers
кати́ться, -я́тся to roll; покати́ться, -я́тся *pf.*
ко́фта jacket
ла́герь *m.* camp
ла́сковый affectionate
мыча́ть, -а́т to moan, moo; замыча́ть, -а́т *pf.*
мясое́д (*archaic*) time from Xmas to Shrovetide
наря́дный smart
наряжа́ться, -ются to dress up; наряди́ться, -я́тся *pf.*
насто́йчивый insistent, persistent

неве́ста bride
неи́стовствовать, неи́стовствуют to rave
нарови́ть, -я́т to seek opportunity
нутро́м inwardly
обду́манно deliberately
оби́да offence
о́бластный regional
обма́нывать, -ют to deceive; обману́ть, -у́т *pf.*
обха́живать, -ют to coax
око́ванный iron-bound
отка́зывать, -ют to refuse; отказа́ть, отка́жут *pf.*
оторва́ть, -у́т to tear off; отрыва́ть, -ют *imp.*
отступи́ться, -я́тся to give up, renounce; отступа́ться, -ю́тся *imp.*
отсу́тствовать, отсу́тствуют to be absent
отцепи́ть, -я́т to unhook; отцепля́ть, -ю́т *imp.*
оты́скивать, -ют to look for; отыска́ть, оты́щут *pf.*
па́рень lad
паха́ть, па́шут to plough; попаха́ть, попа́шут *pf.*
перено́сица bridge of the nose
пески́ sands (sandy bank)
пи́кнуть, -ут *pf. only* to breathe a word
плю́шевый made of plush
поду́шка pillow
по́лымя *n.* flame
пома́лкивать, -ют *imp. only* to hold one's tongue
попада́ться, -ю́тся на глаза́ to run across one's path; попа́сться, -ду́тся... *pf.*
поперёк across
поро́жний empty

СЕДЬМАЯ ГЛАВА

предпочита́ть, -ют to prefer;
   предпоче́сть, предпочту́т *pf.*
престу́пный criminal
припу́хший slightly swollen
прити́хнуть, -ут to quiet down;
   past: прити́х; притиха́ть, -ют *imp.*
прихва́тывать, -ют на стороне́ to drink on the side; прихвати́ть, -ят... *pf.*
разо́стланный spread out
расчёт calculation, consideration
руба́шка shirt
рыда́ние sob
сва́дьба wedding
сват matchmaker
связа́ть, свя́жут to tie, bind; свя́зывать, -ют *imp.*
связь *f.* connection, affair
скрыва́ться, -ются to hide; скры́ться, скро́ются *pf.*
скупо́й stingy
со́веститься, -ятся to be ashamed; посо́веститься, -ятся *pf.*
сопротивля́ться, -ются *imp. only* to resist, oppose
спина́ back
спра́вить, -ят *here*: to make a gift; *lit.*: to celebrate; справля́ть, -ют *imp.*

стан camp
ста́тный stately
стыди́ться, -я́тся to be ashamed; постыди́ться, -я́тся *pf.*
таи́ться, -я́тся to conceal oneself; притаи́ться, -я́тся *pf.*
та́йна secret, secrecy
тра́урный *adj.* mourning
трясти́сь, -у́тся to be shaking; затрясти́сь, -у́тся *pf.*
тща́тельный thorough
тяну́ть (тя́нет) кого́ to be attracted; тяну́ть что to pull; потяну́ть, -ут *pf.*
уби́ть, убью́т to kill; убива́ть, -ют *imp.*
угро́за threat
уку́тать, -ют to wrap up, cuddle; ку́тать, -ют *imp.*
упо́рный persistent
хле́щущий striking
ху́тор village, farm
черне́ть, -ют to be *or* turn black; почерне́ть, -ют *pf.*
чу́ять, -ют to sense; почу́ять, -ют *pf.*
ша́рить, -ят to fumble; поша́рить, -ят *pf.*; ша́рить глаза́ми to let one's eyes roam
я́вный obvious
я́ма hollow, hole

Грамматика: Дополнение

An object usually refers to a verb or to a verbal noun and denotes the person or thing to which the action expressed by the verb or verbal noun is directed:

   Акси́нью вы́дали за Степа́на.   Aksinia was given in marriage to Stepan.

   Вы́дача Акси́ньи.   The giving in marriage of Aksinia.

81

CHAPTER SEVEN

However an object can also refer to an adjective which governs a definite case and to an adverb:

Я благода́рен ма́тери.	I am grateful to mother.
Она́ ста́рше его́.	She is older than he.
Он вошёл незаме́тно для други́х.	He came in unnoticed by others.

An object can be expressed by a noun, a pronoun, a cardinal numeral, an infinitive or any substantivized word:

| Раздели́те де́сять на два, и вы полу́чите пять. | Divide ten by two and you will get five. |
| Здесь про́сят не кури́ть. | People are requested not to smoke here.[3] |

There are two main groups of objects: direct and indirect objects.

A. A direct object refers to a transitive verb and takes the accusative case. Animate masculine nouns, in singular and plural, and animate feminine nouns—in the plural only—take the genitive case.[4]

In negative sentences the genitive frequently replaces the accusative, particularly when

a) the object is an abstract noun:

| Григо́рий и Акси́нья не обраща́ли внима́ния на сосе́дей. | Gregory and Aksinia did not pay any attention to their neighbors. |

b) the object is an inanimate noun which refers to a modal verb expressing, for instance, a wish, an expectation or a mental process:

| Я не ждал письма́. | I did not expect a letter. |
| Он не знал сло́ва. | He did not know the word. |

However, the accusative is preferable to the genitive in a negative sentence if

c) the direct object *precedes* the verb with the negative particle:

| Э́то сло́во я не понима́ю. | This word I do not know. |

---

[3] The infinitive refers to the verb про́сят (to do what?). If an infinitive is combined with a noun, it functions as an attribute (*see* p. 73).

[4] Modern technology has led to some changes in the concept of animate and inanimate nouns. The word спу́тник, as discussed in Chapter 1, has become an inanimate noun, while such words as бомбарди́ровщик (bomber plane—bomber pilot) and истреби́тель (fighter plane and also destroyer in the animal world) are inanimate when applied to the airplane and animate when applied to the pilot or the zoological destroyer respectively.

СЕДЬМАЯ ГЛАВА

d) the direct object denotes a person or an object known both by the speaker and by the person addressed:

| Не кладите **вашу шляпу** на стол. | Do not put your hat on the table.[5] |

B. The categories of <u>indirect objects</u>—in the accusative case *with* a preposition and in all other oblique cases with and without prepositions—are extremely varied. The principal ones follow.

a) In the genitive case the indirect object answers the questions кого? чего? or is used with any preposition taking the genitive case, for instance: у кого? для чего? вместо кого? кроме чего?

| Он выпил **воды**. (чего?) | He drank some water. |
| Я взял книгу **у брата**. (у кого?) | I took the book from (at) my brother. |

But:

| Он выпил **всю воду**, которая стояла на столе. | He drank all the water (*direct object*) which stood on the table. |

b) In the dative case the indirect object answers the question кому? чему? or is used with any preposition taking the dative case:

| Парень подмигнул **девушке**. | The lad winked at the girl. |
| Я прислушивался **к шуму**. | I was listening intently to the noise. |

c) In the instrumental case the indirect object answers the question: кем? чем? or is used with any preposition taking the instrumental case, for instance: с кем? перед чем?

| Сын ударил отца **барком**. | The son hit the father with the harness crossbar. |
| Степан разговаривал **с друзьями**. | Stepan was conversing with his friends. |

d) In the accusative case the indirect object is used only *with* prepositions taking the accusative case, for instance:

| Луиджи схватил Джузеппе **за горло**. | Luigi grabbed Djuseppe by the throat. |

e) In the prepositional case the indirect object answers the questions: о ком? о чём? в, на, по, при ком or чём? indicated by the prepositions which take this case:

| Хутор говорил **о связи** Аксиньи и Григория. | The village was talking about Aksinia's and Gregory's affair. |

---

[5] Objects in *impersonal* negative sentences are discussed in Chapter 11.

CHAPTER SEVEN

SYNTACTICAL EXERCISES

I. *Find the objects in following sentences. Indicate:* (a) *what part of speech they are,* (b) *whether they are direct or indirect objects and* (c) *what is the case of the object.*

1. Но́чью оте́ц Акси́ньи связа́л ей ру́ки и изнаси́ловал. **2.** Давя́сь рыда́ниями, Акси́нья расска́зывала ма́тери. **3.** Мать и ста́рший брат запрягли́ в бри́чку лошаде́й, посади́ли с собо́й Акси́нью и пое́хали к отцу́. **4.** Отца́ нашли́ во́зле ста́на. **5.** Брат отцепи́л от бри́чки баро́к, нога́ми по́днял спя́щего отца́ и уда́рил его́ око́ванным барко́м. **6.** Пе́ред све́том привезли́ старика́ домо́й. **7.** Он ша́рил по ко́мнате глаза́ми, оты́скивая спря́тавшуюся Акси́нью. **8.** Степа́н изби́л молоду́ю жену́. **9.** Го́да полтора́ не проща́л ей оби́ду. **10.** Григо́рий, заи́грывая, стал Акси́нье попере́к пути́. **11.** Он упо́рно, насто́йчиво её обха́живал. **12.** Григо́рий уходи́л к ней с но́чи. **13.** Акси́нья не ку́тала лица́ платко́м. **14.** Григо́рий и Акси́нья горе́ли одни́м бессты́дным по́лымем. **15.** Лю́ди стыди́лись на них смотре́ть.

II. *Find fitting objects for the following verbs taken from preceding chapters and form one sentence with each. Note that some of these verbs — depending on their meaning — are used only with indirect objects, others with direct and indirect objects.*

1. Достига́ть, дости́чь (чего́?) **2.** Удоста́иваться, удосто́иться (чего́?) **3.** Предава́ть, преда́ть (кого́? кому́, чему́?) **4.** Стреми́ться (к чему́?) **5.** Сопротивля́ться (кому́, чему́?) **6.** Убежда́ть, убеди́ть (кого́? в чём?) **7.** Заглуша́ть, заглуши́ть (что? чем?) **8.** Схва́тывать, схвати́ть (кого́, что — за что?) **9.** Располага́ть (чем?) **10.** Подкрепля́ться, подкрепи́ться (чем?) **11.** Сознава́ться, созна́ться (кому́, в чём?) **12.** Улича́ть, уличи́ть (кого́? в чём?) **13.** Наста́ивать, настоя́ть (на чём?) **14.** Призыва́ть, призва́ть (кого́? к кому́, к чему́?) **15.** Припи́сывать, приписа́ть (кому́? что?) **16.** Поража́ть, порази́ть (кого́? чем?) **17.** Пои́ть, напои́ть (кого́? чем?) **18.** Посвяща́ться, посвяти́ться (кому́? чему́?)

СЕДЬМАЯ ГЛАВА

PROBLEMS IN STYLISTICS

A. *In the following list of regional, dialectic or archaic expressions encountered in the Reading* (a) *substitute wherever possible contemporary literary expressions;* (b) *indicate which of these expressions belong to a vanished way of life and have therefore no equivalent in contemporary Russia.*

    1. хýтор **2.** спрáвить **3.** стан **4.** зипýн **5.** гóрница **6.** арбá **7.** свáты **8.** мясоéд **9.** прихвáтывать **10.** пóлымя.

B. *Find synonyms for the following words encountered in the same passage.*

    1. заря́ **2.** изóрванный **3.** порóжний **4.** настóйчивый **5.** трясти́сь **6.** чýять **7.** таи́ться **8.** сóвеститься.

C. In the last paragraph of the same passage Sholokhov writes:

Éсли б Акси́нья жилá с Григóрием, блюдя́ э́то в относи́тельной тáйне...

If Aksinia had lived with Gregory keeping it in relative secrecy ...

Let us compare this verb **блюсти́, соблюсти́** with others close in meaning:

1. **блюсти́, соблюсти́**, *to keep, preserve, uphold* is normally used with abstract nouns:

    блюсти́ дисципли́ну, достóинство

    to keep discipline, to preserve dignity

2. **берéчь (-гут), сберéчь**, *to protect, take care of*:

    берéчь си́лы

    to spare the strength

3. **сберегáть, сберéчь**, *to save, put aside*:

    сберегáть дéньги

    to save money

4. **сохраня́ть (-ют), сохрани́ть (-ят)**, *to retain*:

    сохраня́ть чýвство

    to retain the feeling

5. **спасáть (-ют), спасти́ (-ут)**, *to save*:

    спасáть от опáсности

    to save from danger, misfortune

Fill in the blanks with the appropriate choice from among these verbs:

    1. Он всю жизнь _____ здорóвье и _____ егó до глубóкой стáрости.
    2. От э́той поéздки я _____ сáмые лýчшие воспоминáния.
    3. Э́то óчень вáжные бумáги, их нýжно _____.

CHAPTER SEVEN

4. Он обеща́л _____ по́лный поря́док.
5. Она́ сли́шком мно́го тра́тила и ничего́ не смогла́ _____.
6. _____ интере́сы моего́ клие́нта оказа́лось не легко́.
7. Жизнь больно́го ребёнка удало́сь _____.

Form your own five sentences — one with each of these five verbs.

TRANSLATION

(a) *Translate into Russian.*
(b) *After translating the sentences put the predicate in the negative form and indicate whether the case of the object should be changed.*

1. I felt a great desire to meet this noted scientist. 2. This problem I can solve. 3. He awaits the return of his friend. 4. Are you ashamed of your crime? 5. We saw the sputnik in (on) the sky. 6. The father repeated his threat to his son. 7. You take care of your health. 8. I was able to save a thousand dollars. 9. He betrayed the secret. 10. Unhook (*pl.*) the chain! 11. She experienced utmost humiliation. 12. It is possible to avoid such a spectacle. 13. This slander provoked general indignation. 14. Do you hear the pitiful sobs and groans? 15. He achieved definite results. 16. I admit the possibility that we made a mistake. 17. This disclosure caused excitement. 18. The headwaiter brought the wine. 19. I heard the shrill sound of the siren. 20. The commander summoned the bomber pilots.

CHAPTER 8
Adverbial Modifiers

Чте́ние: из статьи́ *В не́бе Ленингра́да*

В тече́ние 1942 го́да войска́ Ленингра́дского фро́нта неоднокра́тно пыта́лись разорва́ть кольцо́ блока́ды, одна́ко пе́ред защи́тниками го́рода был чи́сленно превосходя́щий враг. Но в конце́ ле́та начала́сь основа́тельная подгото́вка к осе́нне-зи́мней кампа́нии 1942—43 годо́в и мы, авиацио́нные разве́д- чики, ощути́ли э́то в пе́рвую о́чередь. На́ша эскадри́лья получи́ла прика́з са́мым тща́тельным о́бразом разве́дать всю глубину́ неме́цкой оборо́ны в направле́нии предполага́вше- гося уда́ра.

Что́бы по́лностью сфотографи́ровать ну́жный уча́сток за оди́н вы́лет, ка́ждому экипа́жу приходи́лось выполня́ть по 6—8 маршру́тов. С тако́й интенси́вностью нам ещё не приходи́лось рабо́тать. Экипа́жи не уезжа́ли с аэродро́ма, испо́льзовали ка́ждую мину́ту лётной пого́ды.

Не́мцы, ви́димо, предви́дели на э́том уча́стке, что возмо́- жен проры́в, и все́ми сре́дствами пыта́лись помеша́ть нам. Тру́дно переда́ть карти́ну тогда́шней возду́шной обстано́вки. Невероя́тно пло́тный зени́тный ого́нь, бесчи́сленные ата́ки вра́жеских истреби́телей. Зачасту́ю приходи́лось прекраща́ть фотографи́рование и вя́зываться в возду́шные бои́. Поро́й обстано́вка усложня́лась насто́лько, что разве́дчики вы́нуж- дены бы́ли уходи́ть в зо́ну над свое́й террито́рией. А когда́ истреби́тели разгоня́ли неме́цкие самолёты, мы вновь возвраща́лись и продолжа́ли своё де́ло.

Молоды́е экипа́жи, прибы́вшие к нам, не име́ли мно́гих на́выков, необходи́мых для боевы́х вы́летов. Немы́слимо в во́здух пуска́ть тех, кто не уме́л по́льзоваться парашю́том и́ли не соверши́л трениро́вочных прыжко́в. Кро́ме того́,

CHAPTER EIGHT

члены экипажей в случае гибели самолёта должны уметь сориентироваться в любой обстановке.

В специфике работы воздушного разведчика есть одна существенная деталь: на землю он часто должен смотреть не затем, чтобы быть уверенным, что он находится в заданном районе и точно летит по маршруту, а для того, чтобы видеть все передвижения по земле, на воде и по воздуху. Он должен, сопоставляя увиденное на этом месте в предыдущем полёте с тем, что наблюдает ныне, определить действия врага. Любое новое изменение необходимо зафотографировать, чтобы потом, после полёта, разгадать замысел противника.

В случае аварийной обстановки каждый лётчик, штурман и стрелок-радист должны были самостоятельно, чаще всего без карт и даже без посторонней помощи, пробраться к линии фронта, чтобы, выбрав удобный момент, перейти её.

Первое боевое крещение принял молодой лётчик Александр Каминов. После воздушного боя с немецкими истребителями он опустился на парашюте в глубоком тылу врага. Немцы его не расстреливали с воздуха, уверенные, что там, на земле, имеются команды, которые возьмут его в плен.

Около двух суток Каминов бродил в лесах, избегал встреч с людьми, пока не отошёл подальше от места приземления. Две работавшие в поле женщины, которых он рискнул расспросить, поделились с ним скудным обедом и сказали, как добираться до ближайшей деревни, в которой не было немецких войск.

На пятые сутки Каминов кое-как нашёл брешь в переднем крае немцев и отсиделся до вечера в старом завалившемся блиндаже. На его счастье мощным снарядом разметало лесной завал на берегу дикой речушки, и обломками стволов сильно повредило ряды проволочного заграждения на немецком берегу. Лётчик решил проникнуть через образовавшуюся лазейку, пока немцы не устранили повреждения. Под утро наконец он добрался до своих.

А. Ткаченко
Журнал «Звезда»
Январь 1969 г.

ВОСЬМАЯ ГЛАВА

ВОПРОСЫ

1. О како́м пери́оде Второ́й мирово́й войны́ расска́зывает Ткаче́нко?
2. Како́й прика́з получи́ла его́ эскадри́лья?
3. Почему́ экипа́жи не уезжа́ли с аэродро́ма?
4. Опиши́те тогда́шнюю возду́шную обстано́вку.
5. Каки́х на́выков не име́ли молоды́е, неда́вно прие́хавшие экипа́жи?
6. Как возду́шный разве́дчик ча́сто до́лжен смотре́ть на зе́млю?
7. Что ну́жно бы́ло де́лать в слу́чае авари́йной обстано́вки?
8. Кто был Алекса́ндр Ками́нов?
9. Кто помо́г ему́ сориенти́роваться?
10. Расскажи́те, как Ками́нов верну́лся к свои́м.

VOCABULARY

аваpи́йный *adj.* crash, accident
авиацио́нный *adj.* aircraft
аэродро́м airport
бесчи́сленный countless
благодаря́ thanks to, due to
блинда́ж dug-out
боево́й *adj.* battle
бой battle
брешь *f.* breach
ввя́зываться, -ются to become involved; ввяза́ться, ввя́жутся *pf.*
во́йско army
вопреки́ in spite of
враг enemy
вра́жеский *adj.* enemy
вы́лет flight, sortie
вынужда́ть, -ют to force, compel; вы́нудить, -ят *pf.*

ги́бель *f.* destruction
дета́ль *f.* detail
добира́ться, -ются to reach, get to; добра́ться, доберу́тся *pf.*
доса́да vexation, annoyance
зава́л obstruction
завали́вшийся caved in
за́данный set, prescribed
за́мысел intention, project
зачасту́ю frequently
защи́тник defender
зени́тный *adj.* antiaircraft
злость *f.* malice, fury
интенси́вность *f.* intensity
испу́г fright
истреби́тель *m.* fighter plane, destroyer
кольцо́ ring

CHAPTER EIGHT

крещение baptism
лазейка loophole
лётный flying
маршрут route, assignment
мощный powerful
наблюдать, -ют to observe
навык skill
недоразумение misunderstanding
немыслимо unthinkable
неоднократный repeated
неопытность *f.* inexperience
ныне now
обломок fragment
оборона defense
основательный thorough
отсидеться, -ятся to sit out; отсиживаться, -ются *imp.*
ощутить, -ят to sense, feel; ощущать, -ют *imp.*
парашют parachute
передвижение movement, traffic
плен captivity
плотный dense; *also*: solid
повреждение damage
подготовка preparation
полностью completely, fully
порой at times
посторонний *adj.* outside
превосходящий superior
предполагать, -ют to intend, suppose; предположить, -ат *pf.*
приземление landing
причина reason, cause
пробраться, проберутся to get through; пробираться, -ются *imp.*
проволочное заграждение wire-obstacle
прорыв breakthrough
противник foe, enemy
проявление manifestation
прыжок jump

пытаться, -ются to attempt, try; попытаться, -ются *pf.*
радист radio operator
разведать, -ют to reconnoiter; разведывать, -ют *imp.*
разведчик reconnoiterer
разгадать, -ют to decipher, guess; разгадывать, -ют *imp.*
разгонять, -ют to drive away, disperse; разогнать, разгонят *pf.*
разметать, размечут to scatter; размётывать, -ют *imp.*
разорвать, -ут to tear, break; разрывать, -ют *imp.*
район area
расстреливать, -ют to shoot; расстрелять, -ют *pf.*
рискнуть, -ут to risk; рисковать, рискуют *imp.*
скудный scanty
следствие consequence
снаряд shell
сознательный conscious, deliberate
сопоставлять, -ют to compare, confront; сопоставить, -ят *pf.*
специфика specific aspects
ствол tree trunk
страх fear, fright
стрелок gunner; *also*: marksman
существенный vital
тренировочный *adj.* training
тыл rear
условие condition
усложняться, -ются to become complicated; усложниться, -ятся *pf.*
устранить, -ят to remove; устранять, -ют *imp.*
численный numerical
штурман navigator
экипаж crew
эскадрилья squadron

ВОСЬМАЯ ГЛАВА

Грамматика: Обстоятельство

Adverbial modifiers refer to the predicate or to the whole sentence and may be divided into two groups:

A. The adverbial modifier is qualitative or denotes the manner in which an action is performed or a trait or condition exhibited, answering the question: **Как?** *How?* **Каким образом?** *In what manner?*

| Войска́ **уси́ленно** пыта́лись разорва́ть кольцо́ блока́ды. | The troops vigorously tried to break the ring of the blockade. |
| Эскадри́лья получи́ла прика́з, **са́мым тща́тельным о́бразом** разве́дать всю глубину́ неме́цкой оборо́ны. | The squadron received the order to reconnoiter the whole depth of the German defense in the most careful manner. |

B. The adverbial modifier denotes the place, the time, the measure, the reason, the goal or the condition of the action or of the manifestation of a trait or condition.

a) Adverbial modifiers of place answer the question **Где?** *Where?* **Куда́?** *Whereto?* **Отку́да?** *From where?*

| Не́мцы предви́дели прорыв **на э́том уча́стке**. | The Germans foresaw a breakthrough in this section. |

b) Adverbial modifiers of time answer the question: **Когда́?** *When?* **С каки́х пор?** *Since when?* **До каки́х пор?** *Until what time?* **Как до́лго?** *How long?*

| **В конце́ ле́та** начала́сь подгото́вка к осе́нне-зи́мней кампа́нии. | At the end of summer began preparations for the fall-winter campaign. |
| **Верну́вшись на аэродро́м**, лётчик нашёл но́вый прика́з. | Upon returning to the airport the pilot found the new order. |

c) Adverbial modifiers of measure answer the question: **Ско́лько?** *How much? How many? How much weight (quantity, space, time)?*

| **В тече́ние 1942 го́да** войска́ пыта́лись разорва́ть кольцо́ блока́ды. | Throughout the year 1942 the troops tried to break the ring of the blockade. |

91

CHAPTER EIGHT

d) Adverbial modifiers of reason answer the question: **Почему́?** *Why?* **Отчего́?** *For what reason?* **Благодаря́ чему́?** *Due to what?*

| Лётчик де́йствовал **по прика́зу команди́ра**. | The pilot acted according to the order of the commander. |

e) Adverbial modifiers of goal answer the question: **Для чего́?** *To what purpose?* **За чем?** *With what aim?*

| Лётчики вы́летели **для разве́дки вра́жеского ты́ла**. | The pilots flew out for a reconnoitering of the enemy's rear. |

or:

| Лётчики вы́летели **разве́дывать вра́жеский тыл**. | The pilots flew out to reconnoiter the enemy's rear. |

f) Adverbial modifiers of condition answer the question: **В слу́чае чего́?** *In case of what?* **При нали́чии чего́?** *In the event, presence of what?* **Вопреки́ чему́?** *Despite what?*

| **В слу́чае ги́бели самолёта** ка́ждый лётчик до́лжен был самостоя́тельно пробра́ться к ли́нии фро́нта. | In case of the plane's destruction each flier independently had to get through to the front line. |

In order clearly to distinguish an adverbial modifier from an indirect object (Chapter 7) the questions should be recalled and compared which these two parts of the sentence answer; for instance: "Он пое́хал **к отцу́**" answers: "к кому́?" and is an indirect object.

"Он пое́хал **в го́род**" answers: "куда́?" and is an adverbial modifier of place. It would be meaningless to ask: "Во что он пое́хал?"

C. As examples given under **A.** and **B.** indicate, adverbial modifiers can be expressed not only by an adverb, but also by an adverbial participle—frequently in the form of an adverbial clause—, a noun with and without preposition and attributes, an infinitive or a word-group.

a) Adverbial participle can function as an adverbial modifier only to denote

(1) manner:

| Ради́ст вы́шел, **не обраща́я внима́ния на шту́рмана**. | The radio operator went out not paying any attention to the navigator. |

(2) time:
    Прочитáв прикáз, лётчик стал готóвиться к вы́лету. — Having read the order the pilot started getting ready for the flight.

(3) reason:
    Знáя неóпытность молоды́х экипáжей, команди́р ещё не пускáл их в вóздух. — Knowing the inexperience of the young crews, the commander did not let them fly yet.

(4) condition:
    Ками́нов понимáл, что **тóлько отдохну́в в блиндажé**, он смóжет добрáться до свои́х. — Kaminov realized that only after resting in the dugout would he be able to reach his own side.

An adverbial participle cannot function as a modifier expressing place, measure or goal.

b) An infinitive can function as an adverbial modifier only to indicate a goal, principally with some verbs of motion, for instance: **пойти́**, *to go*; **приéхать**, *to arrive*; **вы́бежать**, *to run out*; **полетéть**, *to fly*; **лечь**, *to lie down*; **сесть**, *to sit down*; **остáться**, *to remain*; etc.:

    Он лёг **отдохну́ть**. (для чегó? Чтóбы сдéлать что?) — He lay down to rest. (to what purpose? In order to do what?)

But:

    Он предложи́л мне **отдохну́ть**. (сдéлать что?) — He offered me to take a rest. (offered what?)

Here the infinitive is an object.

c) An adverbial modifier of reason is most frequently expressed by a noun preceded by the preposition:

(1) **из-за**, *because of*, to indicate a concrete reason hindering or preventing an action:

    Мы не пришли́ **из-за плохóй погóды**. — We did not come because of bad weather.

(2) **за**, *due to*, to indicate an abstract reason hindering or preventing an action:

    За отсу́тствием дóктора операцию пришлóсь отложи́ть. — Due to the doctor's absence the operation had to be postponed.

CHAPTER EIGHT

(3) **по**, *out of, due to*, to indicate a reason which is regarded as a neutral, passive source from which a situation or action results—for instance a negative trait of the subject:

По глу́пости он ничего́ не записа́л.	Due to his stupidity he did not write down anything.
по боле́зни	due to illness (instead of **из-за**[1])
по недоразуме́нию	due to a misunderstanding
по жела́нию	due to the wish of
по привы́чке	out of habit
по прика́зу	according to the order of
по слу́чаю	on the occasion of

(4) **из**, *out of*, to indicate a reason which produces a deliberate, *conscious* action:

Он э́то сде́лал **из любви́** к ма́тери.[2]	He did this out of love for his mother.

(5) **от**, *from, due to*, to indicate an external reason or an emotion which produces an uncontrolled, unpremeditated action:

Он озя́б **от холо́дного ве́тра**.	He was chilled from the cold wind.
Ма́льчик дрожа́л **от стра́ха**.	The boy shook from fright. (*uncontrolled action*)

But:

Ма́льчик молча́л **из стра́ха** быть нака́занным.	The boy kept silent out of fear of being punished. (*deliberate action*)

(6) In certain set expressions the preposition **с** can be used as a synonym of **от**, particularly in following phrases:

со стра́ху	from fright, fear
с испу́гу	from scare, fright
со зло́сти	from fury
со зла	from anger
с го́лоду	from hunger
с го́ря	from grief
с доса́ды	from vexation

---

[1] **из-за боле́зни** stresses the preventive role of the illness, while **по боле́зни** strips illness of its active, interfering role.

[2] While **по любви́** merely acknowledges the existence of the feeling of love.

ВОСЬМАЯ ГЛАВА

SYNTACTICAL EXERCISES

I. *Go through the last 4 paragraphs of the Reading* (beginning with the words: В случае аварийной обстановки... and ending with ... добрался до своих) *and find the adverbial modifiers. Indicate, what question they answer and to what group of adverbial modifiers they belong.*

II. a. *Out of each pair of the sentences below, form one sentence, replacing the underlined words by adverbial modifiers of reason expressed by a noun and preposition.*

1. Недоставало лётчиков. Каждому экипажу приходилось выполнять по несколько маршрутов.
2. Произошло недоразумение. Разведчики не смогли сфотографировать нужный участок.
3. Эскадрилья получила приказ. Она вылетела в немецкий тыл.
4. Зенитный огонь не прекращался. Разведчикам пришлось прекратить фотографирование.
5. Штурман не мог сориентироваться. Он был неопытным.
6. У него тряслись руки. Он волновался.
7. Он говорил со мной очень ласково. Ему было жалко меня.
8. Отец больше не может работать. Он стар.
9. Пассажиры не выходили на палубу. Шёл дождь.
10. Я заплакал. Меня обидели.

b. *Read the following sentences and state where the infinitive functions as an adverbial modifier and where it is an object.*

1. Люди стыдились смотреть на Аксинью и Григория. 2. Мать и старший брат поехали расспрашивать отца. 3. Аксинья норовила почаще попадаться Григорию на глаза. 4. Григорий уходил ночевать у Аксиньи. 5. Князю Андрею было скучно смотреть на всех, бывших в гостиной. 6. Чехов приехал на Сахалин переписывать всех жителей. 7. Чиротта хотел уйти и не отвечать. 8. Луиджи пошёл домой расспрашивать жену. 9. Метрдотель пришёл принимать заказы на вина. 10. Пассажиры спокойно садились ждать второго завтрака.

CHAPTER EIGHT

PROBLEMS IN STYLISTICS

A. *Make a list of military terms encountered in the Reading passage, separating nouns—listed by genders—from adjectives and verbs.*
Choose ten words out of this list and form your own ten sentences with them.

B. Let us compare the verb **ощущáть, ощути́ть**, *to sense, become aware*, with the verbs **испы́тывать, испытáть**, *to feel, experience*, **чýять, почýять** and **чýвствовать, почýвствовать**.

Чýвствовать corresponds more closely than the other three verbs to the English *to feel*, for instance:

чýвствовать гóлод, боль, рáдость	to feel hunger, pain, joy
чýвствовать себя́ хорошó, плóхо, лýчше, больны́м и пр.	to feel well, poorly, better, sick etc.
давáть себя́ чýвствовать	to make oneself felt

Ощущáть means *to become aware, to sense*, for instance:
ощущáть теплó, стремлéние — to sense warmth, an urge

Испы́тывать (perf. **испытáть**), *to experience* (a feeling of) <u>and</u> in perf. *to pass* (through trials, hardship).

Чýять, почýять means *to scent, to have a presentiment.*

Fill the blanks with the verb best suited to the meaning of each sentence. Indicate where only one choice is possible.

1. Приближáясь к дóму, он _____ чýвство рáдости.
2. Этот человéк óчень си́льный. Он не _____ ни хóлода, ни гóлода, ни устáлости.
3. Лóшади _____ (*use past*) бли́зость вóлка.
4. Рáна боли́т. Онá _____ .
5. В садý росли́ краси́вые рóзы. Я и́здали _____ их зáпах.
6. Я чáсто _____ желáние вы́сказать свои́ убеждéния.
7. Онá _____ (*use past*) приближáющуюся катастрóфу.
8. У негó былá трýдная жизнь. Он _____ мнóго гóря.
9. Как вы сегóдня _____ ?
10. Такóго счáстья я ещё никогдá в жи́зни не _____ .

96

TRANSLATION

Translate into Russian.

1. He is in bad spirits due to this quarrel. **2.** Why are you tired? — Because of excessive work. **3.** Out of habit I always get up early. **4.** We were forced to change our route due to the haze. **5.** The tree trunks shook from the powerful blow. **6.** In spite of heavy antiaircraft fire the pilot avoided (a) landing in enemy territory. **7.** Do you feel that the defenders of this area achieved victory thanks to their persistence? **8.** Due to a shortage of airplanes several crews could not leave the airport. **9.** Not wishing to be absent from (in) the next flight, the gunner ran toward the plane, although he was weak from hunger. **10.** Don't attempt to outshout him. The noise of the airplanes will muffle your voice. **11.** I feel that you said this out of anger and vexation. **12.** The reconnoiterer was convinced of the numerical superiority of the enemy, but he deliberately continued his dangerous work. **13.** He knew that every hour counted. **14.** The fighter plane attacks lasted for several hours. The fatal losses were high. **15.** Kaminov returned to his own people safe and sound. **16.** Hiding from the Germans he spent several days in an old dug-out. **17.** Since he knew (*use verbal participle*) only approximately where the front line was, he experienced a feeling of agonizing fear. **18.** Only after roaming in the woods for two days did he meet two Russian women who showed him the way. **19.** More dead than alive from fatigue he rested for a while near a wire obstacle. **20.** He knew that he had to save his strength in order to be saved.

PART III

Sentence Types

CHAPTER 9

Coordinate Parts of a Sentence

Чте́ние: из кни́ги *Внерабо́чее вре́мя трудя́щихся в СССР*

Челове́к — э́то не то́лько биологи́ческое существо́, удовлетворя́ющее свои́ есте́ственные потре́бности (еда́, сон, передвиже́ние, ухо́д за собо́й и т. д.), но и социа́льно-обще́ственный индиви́дуум, удовлетворя́ющий свои́ духо́вно-культу́рные запро́сы (учёба, развлече́ние, самообразова́ние и т. д.) и выполня́ющий мора́льно-обще́ственные обя́занности. Удовлетворе́ние всех э́тих есте́ственных и духо́вных потре́бностей и выполне́ние обя́занностей происхо́дит во вре́мени. Основно́й и практи́чески наибо́лее ощути́мой для челове́ка едини́цей измере́ния э́того вре́мени явля́ются су́тки.

Рабо́чее вре́мя — э́то та часть су́точного бюдже́та вре́мени, кото́рая всеце́ло занята́ выполне́нием обще́ственно необходи́мого труда́ в ука́занных о́бществом разме́рах.

Внерабо́чее вре́мя трудя́щихся — э́то то вре́мя, кото́рое остаётся у них от их о́бщего су́точного бюдже́та за вы́четом рабо́чего вре́мени. По свое́й абсолю́тной величине́ оно́ составля́ет наибо́льшую часть су́точного бюдже́та.

Проце́сс воспроизво́дства рабо́чей си́лы, осуществля́ющийся во внерабо́чее вре́мя, состои́т из изве́стного неразры́вного еди́нства двух его́ эта́пов — просто́го и расши́ренного воспроизво́дства рабо́чей си́лы.

Все затра́ты внерабо́чего вре́мени мо́жно разби́ть на две основны́е гру́ппы: затра́ты, соверша́ющиеся в це́лях обеспе́чения просто́го воспроизво́дства рабо́чей си́лы и затра́ты, соверша́ющиеся в це́лях достиже́ния расши́ренного воспроизво́дства рабо́чей си́лы.

Внерабо́чее вре́мя, обеспе́чивающее просто́е воспроизво́дство рабо́чей си́лы, скла́дывается:

во-пе́рвых, из вре́мени, необходи́мого для одева́ния, умыва́ния, лече́ния, передвиже́ния к ме́сту рабо́ты и обра́тно, ухо́да за детьми́ и т. д. Удовлетворе́ние тако́го ро́да потре́бностей нельзя́ ни отложи́ть (во вре́мени), ни замени́ть;

во-вторы́х, вре́мени на еду́ и сон; удовлетворе́ние э́тих потре́бностей та́кже нельзя́ ни отложи́ть, ни замени́ть. Затра́ты вре́мени на э́ти проце́ссы определя́ются есте́ственными и физиологи́ческими преде́лами;

в-тре́тьих, затра́ты вре́мени на соверше́ние поку́пок, приготовле́ние пи́щи, сти́рку, мытьё посу́ды, убо́рку кварти́ры и т. д.; они́ характеризу́ются пре́жде всего́ периоди́чностью, определя́емой о́бразом жи́зни трудя́щегося, усло́виями его́ бы́та.

Все ука́занные затра́ты внерабо́чего вре́мени трудя́щихся име́ют одно́ направле́ние — созда́ть и обеспе́чить усло́вия для просто́го воспроизво́дства рабо́чей си́лы.

Внерабо́чее вре́мя, обеспе́чивающее расши́ренное воспроизво́дство рабо́чей си́лы (свобо́дное вре́мя), состои́т из вре́мени на удовлетворе́ние духо́вно-культу́рных запро́сов (чте́ние, посеще́ние зре́лищных предприя́тий и культу́рно-просвети́тельных учрежде́ний, учёба, просмо́тр телепрогра́мм, слу́шание ра́дио и т. д.), на выполне́ние мора́льно-обще́ственных обя́занностей (обще́ственная рабо́та, воспита́ние дете́й и т. д.) и на удовлетворе́ние потре́бностей физи́ческого разви́тия (заня́тия физкульту́рой и спо́ртом, тури́зм, альпини́зм, люби́тельский труд и т. д.). Все э́ти потре́бности характеризу́ются тем, что удовлетворе́ние их мо́жно отложи́ть (во вре́мени) и́ли замени́ть.

Вся совоку́пность второ́й гру́ппы затра́т внерабо́чего вре́мени име́ет в основно́м одно́ направле́ние — обеспе́чить всесторо́ннее духо́вное и физи́ческое разви́тие ли́чности челове́ка.

Таки́м о́бразом, внерабо́чее вре́мя явля́ется совоку́пностью вре́мени, обеспе́чивающего просто́е и расши́ренное воспроизво́дство рабо́чей си́лы.

Г. С. Петросян
Москва, 1965 г.

ДЕВЯТАЯ ГЛАВА

ВОПРОСЫ

1. О каки́х есте́ственных потре́бностях челове́ка говори́т Петрося́н?
2. Каки́е духо́вно-культу́рные запро́сы он перечисля́ет?
3. Что тако́е рабо́чее вре́мя?
4. Как Петрося́н определя́ет внерабо́чее вре́мя?
5. Из каки́х эта́пов состои́т проце́сс воспроизво́дства рабо́чей си́лы?
6. На каки́е основны́е эта́пы мо́жно разби́ть все затра́ты внерабо́чего вре́мени?
7. Что необходи́мо для просто́го воспроизво́дства рабо́чей си́лы?
8. Как Петрося́н определя́ет «свобо́дное вре́мя»?
9. Назови́те не́сколько потре́бностей, удовлетворе́ние кото́рых нельзя́ ни отложи́ть, ни замени́ть.
10. В чём состои́т гла́вная цель свобо́дного вре́мени?

VOCABULARY

бюдже́т budget
внерабо́чее вре́мя time free of work
воспита́ние upbringing
воспроизво́дство reproduction, restoring
всесторо́нний comprehensive
выполне́ние carrying out, discharge
вы́чет deduction
достиже́ние achievement
духо́вный spiritual
еда́ food
едини́ца unit
еди́нство unity
ежедне́вный daily
есте́ственный natural

замени́ть, -я́т to replace;
  заменя́ть, -ю́т *imp.*
запро́сы requirements, interests
затра́та expenditure, spending
зре́лищное предприя́тие show business
изве́стный a certain; *also*: well known
измере́ние measurement
индиви́дуум individual
исключа́ть, -ю́т to exclude;
  исключи́ть, -а́т *pf.*
исчерпывающий exhaustive
лече́ние medical treatment
ли́чность personality

103

CHAPTER NINE

люби́тельский *adj.* amateur
мытьё посу́ды dish washing
неразры́вный indissoluble
обеспе́чение guarantee, ensuring
облада́ть, -ют to possess
обобща́ющий generalizing
одева́ние dressing
одина́ковый identical
определя́ть, -ют to determine; определи́ть, -я́т *pf.*
определя́ться, -ются to be determined; определи́ться, -я́тся *pf.*
основно́й basic
осуществля́ться, -ются to materialize; осуществи́ться, -я́тся *pf.*
отличи́тельный distinctive
отложи́ть, -ат to postpone; откла́дывать, -ют *imp.*
ощути́мый tangible
перечисля́ть, -ют to enumerate; перечи́слить, -ят *pf.*
периоди́чность periodicity
пи́ща food
поги́бнуть, -ут to perish; погиба́ть, -ют *imp.*
посеще́ние visit, attendance
потре́бность need
просвети́тельный enlightening, educational

просмо́тр viewing; *also*: survey
разби́ть, разобью́т to divide; *also*: to break; разбива́ть, -ют *imp.*
развлече́ние entertainment
разме́р dimensions
расши́ренный broadened
самообразова́ние self-education
скла́дываться, -ются to be formed, to consist of; сложи́ться, -атся *pf.*
соверше́ние completion, fulfillment; соверше́ние поку́пок shopping
совоку́пность sum total
сти́рка laundering
су́точный *adj.* twenty-four hours
телепрогра́мма TV program
те́сный close, tight
трудя́щийся working man
убо́рка cleaning up
удовлетворе́ние satisfaction
удовлетворя́ть, -ют to satisfy; удовлетвори́ть, -я́т *pf.*
умыва́ние washing up
ухо́д за care of
учёба studies
учрежде́ние institution
физкульту́ра physical culture
цель *f.* aim; в це́лях aiming at
чередова́ться, череду́ются *imp. only* to alternate

Грамма́тика: Одноро́дные чле́ны предложе́ния

Coordinate members of a sentence are words with identical syntactical function and with identical reference to a given member of a sentence.

ДЕВЯТАЯ ГЛАВА

Conjunctions play an important role in the enumeration of coordinate members of a sentence. In the simple sentence they may be divided into three groups:

1. Copulative conjunctions:

    и, *and*

    да, *and*—usually limiting the enumeration to the stated things or facts, excluding the possibility of further additions. Therefore **да** is frequently used in connection with the particle **только** or **лишь**, *only*:

    | В гостиной остались только хозяин, **да** двое гостей. | There remained in the living room only the host and two guests. |

    и... и, *both ... and*
    ни... ни, *neither ... nor*
    не только, ... но и, *not only ... but also*
    как... так и, *both ... and* (used mostly with nouns and adjectives)

2. Adversative conjunctions:

    но, *but*

    а, *but, and*. This conjunction can express a comparison as well as a contrast. (More about **а** below under **B** and **C**.)

    однако or **всё же**, *however*

    зато, *but*—in the meaning of a compensation: "on the other hand, in return for":

    | Я устал, **зато** кончил работу. | I am tired, but (in return for being tired) I finished the work. |

3. Disjunctive conjunctions:

    или, *or*

    либо, *or*—a colloquial synonym for **или**

    то... то, *now ... then; at times ... at other times*

    или... или, or: **либо... либо**, *either ... or*—when speaking of a definitive alternative:

    | Прошу вас **или** выслушать меня **или** уйти. | I ask you either to hear me out or to leave. |

    не то... не то, *either ... or*, is used in speaking of *uncertain* alternatives which leave room for doubt as to which of the conjectures is to be accepted as correct:

    | **Не то** он глух, **не то** делает вид, что не слышит. | He is either deaf or he pretends not to hear. |

CHAPTER NINE

Each part of a simple sentence can be coordinate.

A. Coordinate *subjects* are several subjects referring to the same predicate:

<table>
<tr><td>Еда́, сон, передвиже́ние, ухо́д за собо́й явля́ются есте́ственными потре́бностями челове́ка.</td><td>Food, sleep, transportation, personal care are natural needs of Man.</td></tr>
</table>

Absence of the copulative conjunction **и** indicates that the enumeration is incomplete. More items could be added. The use of **и** before each coordinate member stresses the importance of each:

И еда́, и сон, и передвиже́ние, и ухо́д за собо́й...

If the conjunction **и** appears only before the last coordinate member—the enumeration is exhaustive:

Еда́, сон, передвиже́ние **и** ухо́д за собо́й...

An enumeration is often followed by a definitive pronoun: **всё**, *all*; **всё э́то**, *all this*; **ничто́**, *nothing*; or: **все**, *all*; **все они́**, *they all*; **никто́**, *no one*.

B. Coordinate *verbal predicates* are several verbal predicates referring to the same subject. If a copulative conjunction is used, the actions are executed either simultaneously:

<table>
<tr><td>Пассажи́ры **лежа́ли** на па́лубе **и гляде́ли** на о́блачное не́бо.</td><td>The passengers were lying on deck and looking at the cloudy sky.</td></tr>
</table>

or successively:

<table>
<tr><td>Но́чью Акси́нья **прибежа́ла** в ху́тор **и**, давя́сь рыда́ниями, **расска́зывала**...</td><td>In the night Aksinia came running to the village and, choking with sobs, told her story.</td></tr>
</table>

Note that the use of various aspects of verbs is possible—depending on the meaning.

The adversative conjunction **а** is used if two actions are compared *or* contrasted:

<table>
<tr><td>До оди́ннадцати часо́в пасса́жи́ры **гуля́ли** по па́лубам, **а** в оди́ннадцать **подкрепля́лись** бутербро́дами.</td><td>Up to eleven o'clock the passengers used to stroll along the decks and (*contrast*) at eleven they fortified themselves with sandwiches.</td></tr>
<tr><td>Вы ничего́ не зна́ете, **а** говори́те.</td><td>You know nothing, and yet (*comparison*) you speak.</td></tr>
</table>

106

ДЕВЯ́ТАЯ ГЛАВА́

If the two actions are not mutually exclusive, the conjunction **но** must be used:

| Зени́тный ого́нь вре́менно ути́х, **но** ско́ро возобнови́лся. | The antiaircraft fire temporarily quieted down, but was soon renewed. |

With a disjunctive conjunction the actions either succeed one another:

| Челове́к **то** рабо́тает, **то** отдыха́ет. | Man now works, now rests. |

or are mutually exclusive:

| Солда́т **и́ли** (**ли́бо**) доберётся до свои́х, **и́ли** (**ли́бо**) поги́бнет. | The soldier will either get through to his side or perish. |

C. Coordinate *nominal predicates* can form an enumeration without prepositions:

| Князь Болко́нский был **мо́лод, краси́в, бога́т**... | Prince Bolkonsky was young, attractive, rich... |

or be joined by copulative or adversative conjunctions. The adversative conjunction **а** is used if reference is made to two mutually exclusive things or traits:

| Сон **биологи́ческая**, а не духо́вная **потре́бность**. | Sleep is a biological need, not a spiritual one. |

The adversative conjunction **но** is used when the things or traits spoken of are not mutually exclusive:

| Челове́к **биологи́ческое существо́**, но и **обще́ственный индиви́дуум**. | Man is a biological being, but also a social individual.[1] |

D. Coordinate *attributes agreeing* with the qualified word refer either to various characteristics of the same word or to distinctive features of different things or people:

| Блока́да Ленингра́да была́ **дли́тельной и мучи́тельной** борьбо́й. | The blockade of Leningrad was a lengthy, agonizing struggle. |

---

[1] The same rules about the use of the conjunctions **а** and **но** apply to all other coordinate members of a simple sentence, for instance: **Он э́то сказа́л, а не я.** *He said that and not I* (coordinate subjects).

CHAPTER NINE

Челове́к облада́ет как **биоло-**   Man possesses both biological
ги́ческими, так и **духо́вными**   and spiritual needs.
потре́бностями.

Coordinate agreeing attributes must be distinguished from non-coordinate ones. Attributes are non-coordinate if one of them is fused into a homogeneous unit with the qualified word and the other attribute refers to this word-group as a whole:

драгоце́нное **внерабо́чее вре́мя**   the precious time free from work
пе́рвое **боево́е креще́ние**   the first battle baptism
се́ро-зелёная **водяна́я пусты́ня**   the greyish-green waste of water

Non-coordinate attributes cannot be joined by conjunctions and cannot be separated with a comma.

E. Coordinate *attributes without agreement* with the qualified word are most frequently expressed by:

  a) nouns in identical or differing case forms:

Пьер испы́тывал чу́вство   Pierre experienced a feeling of
уваже́ния и **восхище́ния** к   respect and admiration toward
своему́ дру́гу.   his friend. (*identical cases*)
Князь Андре́й был неболь-   Prince Andrey was of slight
шо́го **ро́ста**, с определён-   stature, with definite, dry features.
ными, сухи́ми **черта́ми**.   (*differing cases*)

  b) infinitives:

У э́того челове́ка стремле́ние   This man has the urge to work,
рабо́тать, труди́ться,   to labor, to move forward.
дви́гаться вперёд.

F. Coordinate *objects* are expressed by the same case:

Мой това́рищ интересу́ется не   My friend is interested not only
то́лько **учёбой, чте́нием,**   in studies, reading, watching TV
просмо́тром телепрогра́м, но   programs, but in sports as well.
и **спо́ртом**.

G. *Adverbial modifiers* are coordinate, if they have the same meaning, that is if *all* express manner, place, time, measure, reason, goal or condition of action:

Гу́бы Акси́ньи **беспоко́йно** и **вызыва́юще** смея́лись.   Aksinia's lips were laughing restlessly and arrogantly.

SYNTACTICAL EXERCISES

I. *Find the coordinate members in following sentences and indicate:* (a) *which members of the sentence they represent and* (b) *what conjunction — if any — unites them.*

1. Плыть пришло́сь то в ледяно́й мгле, то в тума́не с мо́крым сне́гом. 2. Парохо́д был с ночны́м ба́ром, с восто́чными ба́нями, с со́бственной газе́той. 3. Коммуни́сты говоря́т, что они́ сме́ло вскрыва́ют и ликвиди́руют недоста́тки и изъя́ны в свое́й рабо́те. 4. Мно́гих това́рищей убежда́ли, что они́ и́ли неме́цкие, и́ли англи́йские, и́ли каки́е-то други́е шпио́ны. 5. Чиро́тта не то́лько поря́дочный челове́к, но и хоро́ший семьяни́н. 6. Случи́лось э́то ве́чером, но́чью, у́тром? 7. Вре́мя на Сахали́не ка́жется длинне́е и мучи́тельнее во мно́го раз, чем в Росси́и, благодаря́ бе́дности, дурно́й пого́де, постоя́нному зре́лищу пусты́нных гор и шу́му мо́ря. 8. Они́ вошли́ в изя́щно, за́ново, бога́то отде́ланную столо́вую. 9. Мать и ста́рший брат пое́хали к отцу́. 10. Стари́к жа́лобно мыча́л, ша́рил по ко́мнате глаза́ми, оты́скивал Акси́нью. 11. Степа́н бил жену́ в живо́т, в гру́ди, в спи́ну. 12. Экипа́жи не отдыха́ли, а рабо́тали, испо́льзуя ка́ждую мину́ту лётной пого́ды.

II. *Form a sentence with each pair of words using them as coordinate members of the sentence and joining them with the conjunction* **а**, **но** *or* **и**.

1. учёба · развлече́ние 2. потре́бность · запро́сы 3. оборо́на · ата́ка 4. обду́манно · безжа́лостно 5. есте́ственный · иску́сственный 6. презре́нный · ничто́жный 7. основа́тельный · тща́тельный 8. оты́скивать · не отыска́ть 9. раздава́ться · доноси́ться 10. испы́тывать · привы́кнуть 11. дока́зывать · доказа́ть.

CHAPTER NINE

III. *Find for each of the following nouns two non-coordinate attributes from among the listed adjectives.*

NOUNS	ADJECTIVES
	1. молодо́й
	2. дурно́й
	3. социа́льный
1. вопро́с	4. рабо́чий
2. ого́нь	5. бе́лый
3. пого́да	6. вое́нный
4. оборо́на	7. основа́тельный
5. ва́нна	8. криво́й
6. разве́дчик	9. пассажи́рский
7. ваго́н	10. интере́сный
8. забо́р	11. зи́мний
9. обеспече́ние	12. зени́тный
10. день	13. дли́нный
	14. техни́ческий
	15. удо́бный
	16. возду́шный
	17. необходи́мый
	18. мра́морный
	19. пло́тный
	20. деревя́нный

PROBLEMS IN STYLISTICS

A. Note the several meanings of the prefix **вос (воз)**:

In the noun **воспроизво́дство** (see *Reading, l.* 18) the prefix **вос** means *anew, again.*

But the same prefix can have two other meanings:

Upward movement, for instance: **восхо́д со́лнца**, *sunrise.*

A beginning of action, usually referring to strong emotions, for instance: **возгора́ться, возгоре́ться** (чем), *to flare up, to become inflamed* (with).

Translate the following words and indicate the meaning of the prefix **вос** *or* **воз** *in each case:*

1. восста́ние **2.** воскресе́ние **3.** воспря́нуть ду́хом **4.** воспламени́ться **5.** восхище́ние **6.** воспомина́ние **7.** восхваля́ть **8.** восстана́вливать **9.** воссоедине́ние **10.** возгорди́ться **11.** воссозда́ть.

ДЕВЯТАЯ ГЛАВА

B. Note the two meanings of the preposition **за** in the reading passage:

a) **Ухо́д за детьми́**, *care of children*; (note also: **смотре́ть, наблюда́ть, уха́живать за**, *to look after, to watch over, to court*).

b) **за вы́четом**, *after deduction*, in the sentence:

| Внерабо́чее вре́мя — э́то то вре́мя, кото́рое остаётся... от су́точного бюдже́та **за вы́четом** рабо́чего вре́мени. | The time free from work is the time which is left from the daily (time) budget *after deduction* of working time. |

c) Compare this with the use of **за** discussed in Chapter 8.

Indicate the meaning of **за** *in the following expressions and sentences:*

1. Сло́во за ва́ми. **2.** Сиде́ть за кни́гой. **3.** Земля́ чи́слилась за старожи́лом. **4.** Прика́з за по́дписью команди́ра. **5.** За за́втраком. **6.** Посла́ть за до́ктором. **7.** За неиме́нием да́нных. **8.** Сиде́ть за столо́м.

TRANSLATION

Translate into Russian.

1. The weather was nasty for a whole month. — Did it snow? — It is hard to say — either it was snowing or it was raining. Later it would now rain, now snow. **2.** I do not know whether he did not hear me or he did not want to listen to me. **3.** Sounds of either weeping or groaning (groans) could be heard. **4.** I am not sure: either he is a scoundrel or he is very stupid. **5.** I think he is either a scoundrel or he is very stupid. **6.** The pilots had never worked with such intensity. But (in return) they knew that they were helping to save Leningrad. **7.** Both the gunner and the navigator (*use conjunction for:* both . . . and) were forced to confess the misunderstanding. **8.** Neither Aksinia's mother nor her older brother could comprehend how the old man could have committed such a grievous crime. **9.** Man must fulfill his obligations and satisfy his needs. **10.** The obligations are moral and social ones, and the needs are both physiological and spiritual. **11.** Not only studies, reading, watching of TV programs, listening to the radio, but also physical culture are parts of a working man's free time. **12.** The satisfaction of the need for food and sleep cannot be replaced.

CHAPTER NINE

13. But (on the other hand) time for entertainment and development of cultural interests can be postponed. **14.** Man's spending of time is at times determined by social obligations, at other times it depends on an individual's deliberate choice. **15.** Dressing, washing, transportation to and from work, care of the children, shopping, laundering, dish washing, cleaning up — all this enters into the sum total of daily duties.

CHAPTER 10

The Order of Words in a Simple Two-Part Sentence

Чте́ние: из рома́на *Не хле́бом еди́ным*

1. Изобрета́тель Дми́трий Алексе́евич Лопа́ткин в кабине́те Леони́да Ива́новича Дроздо́ва, дире́ктора комбина́та.

Изобрета́тель Дми́трий Алексе́евич Лопа́ткин ро́вным ша́гом пересёк ковёр и останови́лся у стола́. На нём был вое́нный ки́тель, зашто́панный на локтя́х, вое́нные брю́ки навы́пуск, с бледноро́зовыми вы́тертыми ка́нтами и боти́нки с аккура́тно накле́енными запла́тами. Всё э́то бы́ло отгла́жено и вы́чищено. Изобрета́тель держа́лся пря́мо, слегка́ подня́в го́лову, и Леони́д Ива́нович сра́зу заме́тил осо́бую ста́тность всей его́ фигу́ры, вы́правку, кото́рая так прия́тна быва́ет у худоща́вых вое́нных. Све́тлые, давно́ не стри́женные во́лосы э́того челове́ка, распада́ясь на две больши́е пря́ди, окаймля́ли высо́кий лоб, глубоко́ просечённый одно́й ре́зкой морщи́ной. Изобрета́тель был гла́дко вы́брит. На секу́нду он не́рвно улыбну́лся одно́й впа́лой щеко́й, но то́тчас же сжал гу́бы и мя́гко посмотре́л на дире́ктора уста́лыми се́рыми глаза́ми.

Э́тот мя́гкий взгляд немно́го смути́л Леони́да Ива́новича, и он опусти́л глаза́. Де́ло в том, что изобрета́тель три го́да наза́д сдал в БРИЗ комбина́та (т. е. в бюро́ по изобрета́тельству) зая́вку на маши́ну для центробе́жной отли́вки чугу́нных канализацио́нных труб. Материа́лы бы́ли напра́влены в министе́рство, начала́сь перепи́ска, и с тех пор пе́ред ка́ждым вы́ездом Дроздо́ва в Москву́, к нему́ приходи́л э́тот о́чень сде́ржанный, ти́хий и, су́дя по всему́, о́чень насто́йчивый челове́к и проси́л его́ переда́ть письмо́ мини́стру и как нибу́дь подтолкну́ть де́ло. И ны́нешняя после́дняя пое́здка в Москву́

CHAPTER TEN

не обошлась без письма. Только Леонид Иванович, приняв это письмо, как и всегда, передал его не непосредственно в руки министру, о чём просил изобретатель, а одному из молодых людей, сидевших в приёмной, — первому помощнику. Попало ли это письмо по адресу, Леонид Иванович не знал и не осмелился спросить об этом у министра.

Кроме того, полгода назад появилась ещё одна загвоздка: из министерства прислали эскизы и описание другой центробежной машины, предложенной группой учёных и конструкторов, во главе с известным профессором Авдиевым. Эту машину приказали срочно построить. Она уже начала свою жизнь и окончательно закрыла дорогу машине Лопаткина. На стороне Авдиева — знания и опыт, его дело организовано серьёзно, находится в центре внимания и, как выразился один начальник главка,[1] приятель Леонида Ивановича, «имеет перспективу». Опыт подсказал Дроздову, что не надо, даже невольно, становиться на пути авторитетных людей, которые без помех трудятся над делом, имеющим перспективу.

И, конечно, Леонид Иванович давно сказал бы Лопаткину то, что втайне было уже решено, если бы не эти грустные, верящие глаза, перед которыми он терял спокойствие и забывал свои излюбленные позы и привычки. Поэтому весь разговор, переданный ниже, стоил для него больших усилий...

2. Из разговора Дроздова с Лопаткиным.

«Видишь ли, товарищ Лопаткин, если бы я был писателем, я бы написал про тебя роман. Потому что твоя фигура действительно трагическая. Ты олицетворяешь собой целую эпоху, которая безвозвратно канула в прошлое. Ты герой, но ты — одиночка. Мы видим тебя как на ладони, а ты нас не понимаешь. Ты не понимаешь, например, того, что мы можем обойтись без твоего изобретения, даже если бы оно было настоящим, большим изобретением. Когда по государственным расчётам встанет на повестке дня задача, которую

---

[1] The term главк now stands for главное управление, *central office*; the ending "к" is due to the fact that it was originally a contraction of "главный комитет" which has been superseded in the organization of Soviet industry by "главное управление".

ДЕСЯТАЯ ГЛАВА

стихи́йно пыта́ешься разреши́ть ты, на́ши констру́кторские и техни́ческие коллекти́вы найду́т реше́ние. И э́то реше́ние бу́дет лу́чше твоего́, потому́ что коллекти́вные по́иски всегда́ веду́т к быстре́йшему и наилу́чшему реше́нию пробле́мы. Коллекти́в гениа́льнее любо́го ге́ния. И получа́ется, това́рищ Лопа́ткин, непоня́тная для вас вещь. Мы — стро́ящие мура́вьи...» когда́ он сказа́л э́то сло́во, в весёлых глаза́х его́, на дне, шевельну́лось холо́дное чудо́вище вражды́ — «да, мы стро́ящие муравьи́, нужны́...» — «Оди́н из э́тих муравьёв», переби́л его́ Лопа́ткин, сде́рживаясь, чу́вствуя, что и в нём закипа́ет вражда́, «оди́н из э́тих муравьёв забра́лся всё-таки на берёзу, повы́ше, и позволя́ет себе́ ду́мать за всех, реша́ет, что наро́ду к чему́, а что не к чему́... Прито́м на берёзу я не ле́зу, а тащу́ в муравейник гу́сеницу, кото́рая раз в де́сять тяжеле́е меня́.»

В. Дудинцев
Москва, 1956 г.

ВОПРОСЫ

1. Опиши́те вне́шность Дми́трия Алексе́евича Лопа́ткина.
2. Что Леони́д Ива́нович Дроздо́в сра́зу заме́тил в фигу́ре Лопа́ткина?
3. Каку́ю зая́вку Лопа́ткин сдал в БРИЗ три го́да наза́д?
4. О чём Лопа́ткин проси́л Дроздо́ва?
5. Испо́лнил ли Дроздо́в э́ту про́сьбу?
6. Кто был профе́ссор Авди́ев?
7. Почему́ Дроздо́в не рассказа́л Лопа́ткину о прое́кте Авди́ева?
8. Како́го мне́ния Дроздо́в о Лопа́ткине?
9. Что Дроздо́в ду́мает о коллекти́ве?
10. Как Лопа́ткин отно́сится к э́тим мы́слям Дроздо́ва?

CHAPTER TEN

VOCABULARY

аккура́тный neat, careful
безвозвра́тно irretrievably
берёза birch tree
брю́ки навы́пуск trousers worn over high boots
верху́шка top, summit
ве́рящий trusting
вне́шность appearance, exterior
впа́лый sunken
вражда́ animosity
вта́йне secretly
вы́брить, вы́бреют to shave; брить, бре́ют *imp.*
вы́правка bearing
вы́тертый threadbare
вы́чистить, -ят to clean; чи́стить, -ят *imp.*
главк (гла́вное управле́ние — гла́вный комите́т) central office
гла́дкий smooth
гу́сеница caterpillar
дно bottom
забра́ться, заберу́тся to climb; забира́ться, -ются *imp.*
загво́здка difficulty
закипа́ть, -ют to begin to boil; закипе́ть, -я́т *pf.*
запла́та patch
зашто́панный darned
зая́вка claim, application
излю́бленный favorite, pet
изобрета́тель inventor
канализацио́нная труба́ sewer pipe
кант edge, piping
ка́нуть *pf. only* to sink, vanish
ки́тель *m.* tunic
ко́жа skin; *also*: leather
ладо́нь *f.* palm of hand

лезть, ле́зут to climb; поле́зть, поле́зут *pf.*
ло́коть *m.* elbow
морщи́на wrinkle
мураве́й ant
мураве́йник ant hill
накле́енный glued, pasted
непосре́дственно directly
ны́нешний present
обойти́сь, обойду́тся to manage without; обходи́ться, -ятся *imp.*
обра́тный reverse
одино́чка lone person
окаймля́ть, -ют to frame, edge; окайми́ть, -я́т *pf.*
олицетворя́ть, -ют to personify; олицетвори́ть, -я́т *pf.*
о́пыт experience
осме́литься, -ятся to dare; осме́ливаться, -ются *imp.*
отгла́дить, -ят to iron; отгла́живать, -ют *imp.*
отли́вка casting, moulding
переби́ть, перебью́т to interrupt; перебива́ть, -ют *imp.*
пересе́чь, пересеку́т to cross; *also*: to cut off, through; *past* пересе́к; пересека́ть, -ют *imp.*
пове́стка дня agenda
подсказа́ть, подска́жут to prompt; подска́зывать, -ют *imp.*
подтолкну́ть, -у́т to push, urge on; подта́лкивать, -ют *imp.*
по́иски search efforts
поме́ха obstacle
приёмная reception room
просечённый furrowed, split
прядь *f.* strand

ДЕСЯТАЯ ГЛАВА

распада́ться, -ются to separate; *also*: to disintegrate; **распа́сться, распаду́тся** *pf.*
ро́вный even
сде́ржанный restrained
сжать, сожму́т to compress; сжима́ть, -ют *imp.*
совпада́ть, -ют to coincide, concur; совпа́сть, совпаду́т *pf.*
сро́чный urgent
ста́тность stateliness
стихи́йно spontaneously

стри́женный clipped
сы́рость dampness
тащи́ть, -ат to drag; **потащи́ть, -ат** *pf.*
уси́лие effort
худоща́вый lean
центробе́жный centrifugal
чугу́нный *adj.* cast iron
чудо́вище monster
шевельну́ться, -у́тся to stir; шевели́ться, -я́тся *imp.*
эски́з sketch

Грамматика: Порядок слов в простом, двусоставном предложении

The words in a simple two-part sentence can be either in the usual or in the inverted order.

A. In the *usual order* of words notice:

   a) The position of the subject.

Usually the subject comes *before* the predicate. This is mandatory if:

   (1) both the subject and the direct object are expressed by nouns which have identical forms in the nominative and accusative cases, that is, feminine nouns with a soft sign ending and inanimate masculine and neuter nouns:

Молодёжь ви́дит **при́стань**.	The young people see the dock.
Уда́р нанёс **уще́рб**.	The blow inflicted damage.
Безде́йствие вызыва́ет **раздраже́ние**.	Inaction calls forth irritation.

   (2) the predicate is nominal, expressed, for instance, by an adjective or noun:

Не́бо се́рое, уны́лое.	The sky is grey, cheerless.
Вре́мя — де́ньги.	Time is money.

117

CHAPTER TEN

    (3) the subject is expressed by an infinitive:

        Подтолкну́ть де́ло бы́ло нелегко́.   To urge the matter on was not easy.

b) <u>The position of the predicate.</u>

Although the usual place for the predicate is after the subject, there are instances when its normal position is *before* the subject. The most important cases to remember are:

    (1) Questions with the particle ли:

        Пе́редали ли вы письмо́?   Did you transmit the letter?

    (2) Description of nature or weather:

        Стоя́л прекра́сный ле́тний ве́чер.   It was a splendid summer evening.

        Дул вла́жный сиро́кко.   A moist sirocco was blowing.

    (3) The author's words which follow upon direct speech:

        — Оди́н из э́тих муравьёв — **переби́л** его́ Лопа́ткин.   — One of these ants ... — interrupted him Lopatkin.

    (4) References to time such as:

        Был коне́ц ноября́.   It was the end of November.

        Прошло́ три го́да.   Three years passed.

    (5) Descriptions of a narrative nature unfolding a picture of background:

        В углу́ ко́мнаты **стоя́л** стол.   In the corner of the room stood a table.

or of events:

        К Дроздо́ву **приходи́л** э́тот о́чень сде́ржанный, ти́хий челове́к.   This very restrained, quiet man used to come to Drozdov.

c) <u>The position of the attribute.</u>

An attribute agreeing with the qualified word usually comes *before* that word:

    Мя́гкий взгляд.   A mild glance.

    Гру́стные, ве́рящие глаза́.   Sad, trusting eyes.

If one of the attributes is a relative adjective, it comes *after* the qualitative adjective:

    Большо́е **техни́ческое** изобре-   A great technical invention.
    те́ние.

If among several attributes a possessive pronoun such as **мой, его́, ваш** or a demonstrative pronoun such as **э́тот** is present, it comes first. **Весь**, *all*; **вся́кий**, *any*, come, as in English, before all other attributes; **са́мый**, *the very*, after **э́тот** or **тот**:

    Весь э́тот неприя́тный   All this unpleasant conversation.
    разгово́р.
    В **э́ту са́мую** мину́ту.   At that very moment.

An attribute agreeing with the pronouns **что-то, кто-то** comes *after* that pronoun:

    На озя́бших ли́цах выхо́дит   Something crooked, false comes
    что-то криво́е, лжи́вое.   out on the chilled faces.

Attributes not agreeing with the word they qualify come *after* that word:

    Боти́нки с аккура́тно   Boots with carefully pasted
    накле́енными запла́тами.   patches.

However, if both types of attributes — those agreeing and those not agreeing with the qualified word — are present, *all* can precede that word:

    Ти́хий, с уста́лыми глаза́ми   A quiet person with tired eyes.
    челове́к.

d) The position of the object.

Both the direct and the indirect object usually come *after* the word they refer to:

    Лопа́ткин пересёк **ковёр**.   Lopatkin crossed the carpet.
    Коллекти́в гениа́льнее любо́го   A collective body is more brilliant
    ге́ния.   than any genius.

If both direct and indirect objects are present, the direct object precedes the indirect one:

    Лопа́ткин проси́л переда́ть   Lopatkin asked to transmit the
    письмо́ мини́стру.   letter to the minister.

However, an indirect object expressed by a personal pronoun in the dative case precedes the direct object:

    Лопа́ткин проси́л переда́ть   Lopatkin asked to transmit the
    ему́ письмо́.   letter to him.

CHAPTER TEN

e) <u>The position of adverbial modifiers.</u>
An adverbial modifier of manner usually comes before the predicate, if it is expressed by a qualitative or a quantitative adverb:

| Изобрета́тель **не́рвно** улыбну́лся. | The inventor smiled nervously. |
| Дроздо́в **мно́го** говори́л. | Drozdov talked a lot. |

It comes after the predicate, if it is expressed by a noun or by an adverb formed from a noun in the instrumental case:

| Мы око́нчим э́ту рабо́ту **без труда́**. | We will complete this work without trouble. |
| Ло́шади шли **ша́гом**. | The horses were walking at a slow pace. |

Adverbial modifiers of place, time, reason and goal can precede as well as follow the predicate. If both a modifier of time and of place are present, the normal word order in the sentence is: Adverbial modifier of time – subject – predicate – adverbial modifier of place:

| У́тром я вы́шел на крыльцо́. | In the morning I went out on the porch. |

B. The function of *inversion* (reverse order of words) is to single out a member of the sentence in order to stress that member's particular significance. A word appearing in an unusual position attracts special attention. For purposes of inversion:

a) the subject comes after the predicate, frequently at the very end of the sentence:

| Смути́л Дроздо́ва мя́гкий взгляд. | It was the mild glance which disturbed Drozdov. |

b) the predicate comes before the subject, often at the beginning of the sentence (as in those instances discussed above in **A.b** in which such a word order is normal):

| Держа́лся изобрета́тель пря́мо. | The inventor held himself erect. |

A nominal predicate expressed by a noun is usually inverted with the help of an agreeing attribute:

| Драгоце́нная вещь — вре́мя. | Time is a truly precious thing. |

If expressed by an adjective, the nominal predicate is inverted with the pronoun э́тот:

| Серо́, уны́ло э́то не́бо. | Grey, cheerless is this sky. |

c) the attribute comes after the word it qualifies:

    Глаза́ гру́стные, ве́рящие,   Eyes sad, trusting, were looking
       смотре́ли на Дроздо́ва.   at Drozdov.

d) an object comes before the word it refers to, frequently in the beginning of the sentence:

    Ста́тность фигу́ры Лопа́ткина   The stateliness of Lopatkin's figure
       Дроздо́в заме́тил сра́зу.   Drozdov noticed at once.

e) Adverbial modifiers of manner expressed by a qualitative or quantitative adverb come either after the predicate or in the beginning of the sentence, in which case the predicate precedes the subject:

    Изобрета́тель **улыбну́лся**
    не́рвно.   The inventor smiled nervously.
    Не́рвно улыбну́лся изобрета́-
    тель.

Adverbial modifiers of manner expressed by a noun or an adverb formed from a noun in the instrumental case come before the predicate:

    Ша́гом шли ло́шади.   At a slow pace did the horses walk.

Adverbial modifiers of place come in the beginning of the sentence:

    На крыльцо́ я вы́шел.   It was on the porch that I went out.

Adverbial modifiers of time, reason or goal (if each appears alone, without the others) come at the end of the sentence:

    Я вы́шел **у́тром**.   I went out in the morning.
    Она́ пла́кала **от стра́ха**.   She wept out of fear.

SYNTACTICAL EXERCISES

I. *Read the sentences and state whether the word order is usual or inverse. If the word order is inverse, indicate which word is stressed and where it would appear in a usual word order.*

1. Дроздо́в не осме́лился спроси́ть мини́стра о письме́. **2.** Нас ты не понима́ешь. **3.** В весёлых глаза́х его́ шевельну́лось холо́дное чудо́вище вражды́. **4.** С тако́й интенси́вностью нам ещё не приходи́лось рабо́тать. **5.** С во́здуха не́мцы его́ не расстре́ливали. **6.** О́сенью паха́ла Акси́нья в степи́. **7.** Акси́нья неи́стовствовала в по́здней

CHAPTER TEN

го́рькой свое́й любви́. **8.** Необыча́йна и я́вна была́ их сумасше́дшая связь. **9.** Вяза́ло их что-то большо́е, непохо́жее на коро́ткую связь. **10.** Пя́того ию́ля 1890 го́да при́был я на парохо́де в го́род Никола́евск. **11.** Вре́мя же́нщины прово́дят в по́лном безде́йствии. **12.** Все тро́е бы́ли пре́даны вое́нно-полево́му суду́ за уби́йство. **13.** Рожда́емость в коло́нии са́ми ссы́льные счита́ют чрезме́рно высо́кой. **14.** Я тебе́ покажу́ запи́ску! **15.** Э́ти слова́ отно́сятся к толпе́ челове́к в два́дцать ка́торжных.

II. *Form sentences from the given words, changing the word form if necessary and establishing a usual word order.*

1. Зая́вка • сдать • для • изобрета́тель • канализацио́нный • маши́на • отли́вка • на • труба́. **2.** Мураве́й • берёза • на • высо́кий • забра́ться. **3.** Уйти́ • вре́мя • мно́го • соверше́ние • на • поку́пка. **4.** Григо́рий • обха́живать • упо́рно • Акси́нья • насто́йчиво • и. **5.** До • Степа́н • возвраще́ние • из • остава́ться • неде́ля • полтора́ • ла́герь. **6.** Ссо́ра • серьёзный • одна́жды • произойти́ • два • италья́нский • ме́жду • изво́зчик. **7.** Катари́на • торго́вка • за • жена́ • о́вощи • ста́рый • смо́рщенный • вступи́ться • Луи́джи. **8.** Джузе́ппе • голова́ • дурно́й • свой • созна́ться • и • опусти́ть • что • не • ничего́ • быть. **9.** Произво́л • допуска́ть • злоупотребле́ние • и • Ста́лин • власть. **10.** Това́рищ • огро́мный • число́ • в • просиде́ть • и • тюрьма́ • признава́ться • в • свой • преступле́ние. **11.** Вене́ц • разнообра́зный • путеше́ствие • явля́ться • обе́д • и • пита́тельный.

PROBLEMS IN STYLISTICS

A. Let us discuss the verbs **лезть** and **забра́ться**, *to climb*. **Лезть** describes the movement, the process of climbing, **забра́ться** — the result of this movement — to penetrate into or to the top of:

Тру́дно бы́ло **лезть** на де́рево, но наконе́ц он **забра́лся** на са́мую верху́шку.

It was difficult to climb the tree, but finally he got to the very top.

ДЕСЯТАЯ ГЛАВА

Разведчик **забрался** в самый центр вражеского тыла. — The reconnoiterer penetrated into the very center of the enemy rear.
Сырость **забралась** всюду. — Dampness penetrated everywhere.

Лезть is used in a number of idiomatic expressions, for instance:

лезть из кожи, чтобы...	to try very hard to ...
лезть не в своё дело	to stick one's nose into other people's affairs
лезть в драку	to ask for a fight
не лезть за словом в карман	to have a ready tongue

Form one sentence with each of these four expressions.

B. The pronoun **что** enters into the composition of various idiomatic phrases. Toward the end of the *Reading* you read:

Он решает, **что** народу к чему, а **что** не к чему. — He decides what is useful and what is useless for the people.

Other expressions are:

С чего?	On what grounds?
ни за что	under no circumstances
чуть что	at the slightest provocation
ему хоть бы что	he makes nothing of that
уйти ни с чем	to leave empty-handed
вот оно что	so that's it

Form one sentence with each of these six expressions.

C. *Explain the metaphor at the end of the Reading about the ant and the caterpillar, using the verbs* **лезть** *and* **забраться.**

TRANSLATION

Translate the sentences and arrange the words in such a sequence as to stress the underlined words.

1. It was raining all day and a <u>strong and cold</u> wind was blowing. **2.** — Do not marry <u>young</u> — said Andrey to his friend. **3.** —Those are <u>sad</u> words — thought the young man. **4.** He has not said anything of the sort <u>to us</u>.

123

CHAPTER TEN

5. Many years have passed, but I still cannot forget the grief I went through. **6.** The inventor Lopatkin stopped at the table. **7.** He wore a military tunic. **8.** His trousers were cleaned and neatly ironed. **9.** His cheeks were sunken, his eyes tired. **10.** Three years had passed since the inventor had made his application. **11.** Drozdov considered him to be a very restrained, but very insistent person. **12.** Drozdov gave the letter to the minister's first assistant. **13.** Under no circumstances did he want to give it to the minister. **14.** The conversation between the director and the inventor was unpleasant. **15.** —We can do without your invention — said Drozdov to Lopatkin. **16.** — Collective efforts are always better than individual ones — he continued. **17.** — So that's it — thought Lopatkin, — on what grounds does he dare to decide what is useful and what is useless for the country? **18.** Lopatkin had a ready tongue, but he did not want to ask for a fight. **19.** He knew that Drozdov felt that he, Lopatkin, was sticking his nose into other people's affairs. — This is dangerous — thought Lopatkin. **20.** He experienced a feeling of animosity toward Drozdov; however, he was forced to leave empty-handed.

CHAPTER 11

The One-Part Sentence

Чтение: из романа *Доктор Живаго*

Между тем быстро темнело. На улицах стало теснее. Дома и заборы сбились в кучу в вечерней темноте. Деревья подошли из глубин дворов к окнам под огонь горящих ламп. Была жаркая и душная ночь. От каждого движения бросало в пот. Полосы керосинового света, падавшие во двор, струями грязной испарины стекали по стволам деревьев.

Ночь полна была тихих таинственных звуков. Рядом в коридоре капала вода из рукомойника, мерно, с оттяжкою. Где-то за окном шептались. Где-то, где начинались огороды, поливали огурцы на грядах, переливая воду из ведра в ведро, и гремели цепью, набирая её из колодца.

Пахло всеми цветами на свете сразу, словно земля днём лежала без памяти, а теперь этими запахами приходила в сознание. За вороньими гнёздами сада показалась чудовищных размеров багровая луна. Сначала она была похожа на кирпичную паровую мельницу в Зыбушине,[1] а потом пожелтела, как железнодорожная водокачка.

А внизу под окном во дворе к запаху цветов примешивался душистый, как чай с цветком, запах свежего сена. Сюда недавно привели корову, купленную в дальней деревне. Её вели весь день, она устала, тосковала по оставленному стаду и не брала корма из рук новой хозяйки, к которой ещё не привыкла.

«Но-но, не балуй, я те[2] дам, дьявол, бодаться» шопотом улaмывала её хозяйка, но корова то сердито мотала головой

---

[1] Зыбушино — a small provincial trading post which figures in the novel. It specialized in the trade of grain products, hence the reference to the steam mill — **паровая мельница**.
[2] те — colloquial for **тебе**.

125

из стороны́ в сто́рону, то, вы́тянув ше́ю, мыча́ла надры́вно и жа́лобно, а за чёрными сара́ями мерца́ли звёзды, и от них к коро́ве протя́гивались ни́ти неви́димого сочу́вствия, сло́вно то бы́ли ско́тные дворы́ други́х миро́в, где её жале́ли.

Всё круго́м броди́ло, росло́ и всходи́ло на волше́бных дрожжа́х существова́ния. Восхище́ние жи́знью, как ти́хий ве́тер, широ́кой волно́й шло, не разбира́я куда́, по земле́ и го́роду, че́рез сте́ны и забо́ры, че́рез древеси́ну и те́ло, охва́тывая тре́петом всё по доро́ге...

Луна́ стоя́ла уже́ высоко́ в не́бе. Всё бы́ло за́лито её густы́м, как проли́тые бели́ла, све́том. У поро́гов казённых ка́менных зда́ний с коло́ннами, окружа́вших пло́щадь, чёрными ковра́ми лежа́ли на земле́ их широ́кие те́ни.

С боко́в пло́щади на неё влива́лись ма́ленькие глухи́е у́лочки. В глубине́ их видне́лись ве́тхие покоси́вшиеся до́мики. На э́тих у́лицах была́ непрола́зная грязь, как в дере́вне. Из неё торча́ли дли́нные, плетёные из и́вовых пру́тьев и́згороди, сло́вно то бы́ли заки́нутые в пруд ве́рши, или затону́вшие корзи́ны, кото́рыми ло́вят ра́ков.

В доми́шках подслепова́то поблёскивали стёкла в ра́мах раство́ренных око́шек. Внутрь ко́мнат из палиса́дников тяну́лась по́тная русоголо́вая кукуру́за, с блестя́щими, сло́вно ма́слом смочёнными метёлками и ки́стями. Из-за провиса́ющих плетне́й одино́чками смотре́ли вдаль бле́дные худоща́вые ма́львы, похо́жие на хуторя́нок в руба́хах, кото́рых жара́ вы́гнала из ду́шных хат подыша́ть све́жим во́здухом.

Б. Пастерна́к
1958 г.

ВОПРО́СЫ

1. Как Пастерна́к опи́сывает наступа́ющую темноту́?
2. Каки́е зву́ки он перечисля́ет?
3. Кака́я была́ луна́?
4. Почему́ коро́ва не брала́ ко́рма?
5. Кто, каза́лось, жале́л коро́ву?

ОДИННАДЦАТАЯ ГЛАВА

6. Что Пастернак пишет о «восхищении жизнью»?
7. Какие тени падали на площадь от лунного света?
8. Какие улицы вливались в площадь?
9. Какие были дома на этих улицах?
10. Что росло в палисадниках?

VOCABULARY

багровый crimson
баловать, балуют to be naughty; *also*: to pamper, spoil; **побаловать, побалуют** *pf.*
белила *pl.* whiting
бодаться, -ются *imp. only* to butt
ведро bucket
верша fishing basket
ветхий decrepit
вливаться, -ются to flow into; **влиться, -ются** *pf.*
водокачка water pump
волшебный magical
вороний crow's
восхищение delight, ecstasy
выгнать, выгонят to drive out; **выгонять, -ют** *imp.*
вытянуть, -ут to stretch out; **вытягивать, -ют** *imp.*
гнездо nest
греметь, -ят to clatter; **загреметь, -ят** *pf.*
гряда garden bed
грязь *f.* dirt, mud
густой thick, dense
древесина wood (as substance of tree)
дрожжи *pl.* yeast
душный stifling

дышать, -ат to breathe; **подышать, -ат** *pf.*
жалеть, -ют to pity; **пожалеть, -ют** *pf.*
жара heat
закинуть, -ут to cast, toss; **закидывать, -ют** *imp.*
залить, зальют to inundate; **заливать, -ют** *imp.*
запах smell, scent
затонувший sunken
звезда star
ивовый *adj.* willow
изгородь *f.* fence
испарина evaporation
казённый public
капать, -ют to drip; **капнуть, -ут** *pf.*
керосиновый *adj.* kerosene
кирпичный *adj.* brick
кисть *f.* tassel; *also*: bunch, brush
колодец well
корзина basket
корм feed
корова cow
кукуруза corn
ловить, -ят to catch; **поймать, -ют** *pf.*

CHAPTER ELEVEN

мáльва   hollyhock
мéльница   mill
мерцáть, -ют   to twinkle; замерцáть, -ют *pf.*
метёлка   panicle; *also*: broom
мотáть, -ют головóй   to shake one's head; замотáть, -ют *pf.*
набирáть, -ют   to gather; набрáть, наберýт *pf.*
нáдпись *f.*   inscription
надрывный   heart-rending
наступáющий   approaching
непролáзный   impassable
неразложимый   indissoluble
нить *f.*   thread
огорóд   vegetable garden
огурéц   cucumber
одинóчка   lone person
окóшко   small window
оттяжка   delay
охвáтывать, -ют   to envelop; охватить, охвáтят *pf.*
палисáдник   front garden
пáмять *f.*   memory; без пáмяти   unconscious
паровóй *adj.*   steam
пáхнуть, -ут   to smell
переливáть, -ют   to pour from . . . into; перелить, перельют *pf.*
плетёный   woven
плетéнь *m.*   fence
плóщадь *f.*   square; *also*: area
поблёскивать, -ют *imp. only*   to gleam
подслеповáтый   weak sighted
пожелтéть, -ют   to turn yellow; желтéть, -ют *imp.*
покосившийся   rickety
поливáть, -ют   to water; полить, польют *pf.*
полосá   strip, stripe
порóг   threshold

пот   perspiration
пóтный   sweaty
примéшиваться, -ются   to be admixed; примешáться, -ются *pf.*
провисáющий   sagging
пролить, прольют   to spill; проливáть, -ют *imp.*
протягиваться, -ются   to reach out; протянýться, -утся *pf.*
пруд   pond
прут   rod, twig
разбирáть, -ют   to make out; *also*: to sort out; разобрáть, разберýт *pf.*
рак   crayfish; *also*: cancer
рáма   frame
растворённый   open
рубáха   shirt
рукомóйник   washstand
русоголóвый   light-haired
сарáй   shed
сбиться, собьются в кýчу   to crowd together; to bunch; сбивáться, -ются *imp.*
сéно   hay
скóтный *adj.*   cattle
сознáние   consciousness
сочýвствие   compassion
стáдо   herd
стекáть, -ют   to trickle, flow down; стечь, стекýт *pf.*
стеклó   pane, glass
струя   jet, stream
существовáние   existence
таинственный   mysterious
темнéть, -ют   to grow dark; стемнéть, -ют *pf.*
тень *f.*   shadow
торчáть *imp. only*   to stick out
тосковáть, тоскýют   to miss, long for; затосковáть, -ýют *pf.*

ОДИННАДЦАТАЯ ГЛАВА

тре́пет   trepidation
тяну́ться, -утся   to stretch;
  потяну́ться, -утся *pf.*
ула́мывать, -ют   to break in, talk
  into; улома́ть, -ют *pf.*

у́лочка   small street
ха́та   hut
хуторя́нка   farmwoman
шепта́ться, ше́пчутся *imp. only*
  to converse in a whisper

Грамматика: Односоставное предложение

One-part sentences are sentences with only one principal member: either a predicate without a subject or a subject without a predicate. The former is by far the more important and shall be discussed first.

A. One-part sentences without a subject can be grouped into:

a) Indefinite Personal Sentences

The predicate is expressed by the third person plural of the verb in the present, past or future tense. There is no indication as to *who* is acting and the number of acting persons is indefinite:

Где-то за окно́м **шепта́лись**.	Somewhere outside the window people were whispering.
Где-то **полива́ли** огурцы́... **греме́ли** це́пью.	Somewhere people were watering the cucumbers... clattering with a chain.
Сюда́ неда́вно **привели́** коро́ву.	A cow had been brought here recently.

However, to express an insistent command or request the action may refer to a definite speaker:

  Говоря́т вам — нельзя́ сюда́!   *I told* you — no admission!

b) Generalized Personal Sentences

In this type of one-part sentence the predicate is usually expressed by the 2nd person singular of the present tense or of the future perfective or of the imperative. The action expressed by the verb is generalized — it refers to anybody and is frequently related to the speaker:

Рéдко **встрéтишь** такóго разýмного и добродéтельного человéка.	Rarely will you (*or* one) meet such a rational and virtuous person.
Жилá я рáдостно, по-дéтски, **проснёшься** ýтром и **запоёшь**.	I lived happily, like a child, I would wake up in the morning and burst into song.
Что **ни говорú**, а он чéстный человéк.	No matter what you say — but he is an honest man.

c) Impersonal Sentences

These are the most important among one-part sentences without a subject. They *exclude* a subject. There is action without an active agent. The verbal predicate is expressed by the 3rd person singular of the present or future tense or by the neuter gender of the past tense. Many Russian verbs can be both personal and impersonal, some are only impersonal.

In its simplest form the impersonal sentence becomes familiar to a student of Russian from the earliest stages of his studies.

Станóвится хóлодно.	It is getting cold.
Вчерá больнóму **бы́ло лýчше**.	Yesterday the patient felt better.
Мне **хотéлось бы** с вáми поговорúть.	I would like to have a chat with you.
Зáвтра **меня** здесь **не бýдет**.	I won't be here tomorrow.

These four examples illustrate the four uses of impersonal sentences; namely to express phenomena of nature, a physical or mental condition, a modal meaning and negations referring to absence. Let us examine these four categories.

(1) Not only weather conditions but also natural disasters and damage caused by technological forces unleashed by man can be expressed by an impersonal sentence.

The predicate can be:
  (a) an impersonal verb:

Мéдленно и непривéтливо **светáло** над серо-зелёной водянóй пусты́ней.	Day was breaking slowly and cheerlessly over the greyish-green sea waste.
Смеркáлось.	Twilight was falling.

ОДИННАДЦАТАЯ ГЛАВА

(b) a personal verb in an impersonal meaning:

| Мéжду тем бы́стро темне́ло. | Meanwhile it was rapidly getting dark. |

If a place, object or person is experiencing the action, it appears as the direct object in the accusative. The instrument calling forth the action appears as an indirect object in the instrumental.

| Доро́гу **занесло́** сне́гом. | The road has been obstructed by snow. |
| Мо́щным снаря́дом **размета́ло** лесно́й зава́л. | The timber obstruction has been scattered by a powerful shell. |

(c) the predicate can also be expressed by an adverb, often with a copula such as **быть, стать**.

| Шёл дождь; **бы́ло гря́зно**. | It was raining; it was muddy. |
| На у́лицах **ста́ло тесне́е**. | There was less room in the streets. |

(2) Impersonal sentences are used to express a physical or emotional condition of a person or of any living being. The predicate can be:

(a) an impersonal verb without the particle **ся**:

| Его́ **ста́ло знобить, лихора́дить**. | He began to shiver, to be feverish. |

(b) a personal verb in an impersonal meaning:

| Акси́нью **тяну́ло** к ла́сковому па́рню. | Aksinia felt attracted to the affectionate lad. |

In both these cases the person or being passing through the physical or emotional experience are direct objects in the accusative.

(c) an impersonal verb with the particle **-ся**. In contrast to the corresponding personal verb such impersonal verb denotes not the action itself, but merely an inclination or aversion to such action:

спать: Мне (**не**) **спи́тся**.	I (do not) feel like sleeping.
сиде́ть: Ему́ **не сиди́тся**.	He cannot sit still.
дыша́ть: Здесь легко́ **ды́шится**.	One can easily breathe here.
писа́ть: Ей (**не**) **писа́лось**.	She was in a (no) mood to write.

The person experiencing the condition is an indirect object in the dative.

131

(d) The predicate can also be expressed by an adverb or a word-group with adverbial meaning, for instance:

Ему́ **не по себе́**.	He is ill at ease.
Нам **не до**...	We have no time, no interest for...

Frequently the adverb or word-group is connected with an infinitive:

Ему́ **бы́ло ду́шно и ску́чно** слу́шать э́тот разгово́р.	He felt stifled and bored to listen to this conversation.

Here, too, the person experiencing the condition is an indirect object in the dative.

(3) Impersonal sentences have a number of modal meanings expressing for instance possibility, inevitability or desirability. The predicate can be expressed by

(a) an impersonal verb in combination with an infinitive:

Всегда́ **сле́дует быть** че́стным.	One always ought to be honest.
Пассажи́рам **полага́лось** отдыха́ть.	The passengers were supposed to rest.

(b) a personal verb in an impersonal meaning. Note that some of these are homonyms which have a different meaning when used impersonally from their meaning when used as personal verbs.

Personal verb	*Impersonal verb*
	уда́ться
О́пыт уда́лся.	Ему́ удало́сь найти́...
(The experiment was a success.)	(He succeeded in finding....)
	случи́ться
Случи́лась беда́.	Мне случи́лось с ним встре́титься.
(A misfortune happened.)	(I happened to meet him.)
	прийти́сь
Пла́тье пришло́сь ей по вку́су.	Мне пришло́сь уе́хать.
(The dress was to her liking.)	(I was forced to leave.)

ОДИННАДЦАТАЯ ГЛАВА

годи́ться

Он никуда́ не годи́тся.
(He is not fit for anything.)

Не годи́тся так поступа́ть.
(That is not the way to behave.)

остава́ться

Он остаётся здесь.
(He remains here.)

Мне остаётся уе́хать.
(All I can do is leave.)

сто́ить

Э́та кни́га до́рого сто́ит.
(This book is expensive.)

Вам сто́ит прочита́ть э́ту кни́гу.
(It's worth your while to read this book.)

Вам сто́ит сказа́ть одно́ сло́во.
(You only have to say a word.)

If the person the action refers to is mentioned, it appears as an indirect object in the dative: **ему́, мне, вам.**

The same construction is used if the predicate is expressed by:

(c) an adverb or the short form of a past passive participle, usually in combination with an infinitive:

Ему́ мо́жно (нельзя́, невозмо́жно) прийти́.
He may (may not, is unable) to come.

Нам бы́ло ска́зано яви́ться.
We were told to appear.

Им прика́зано неме́дленно вылета́ть.
They have been ordered to fly at once.

or in combination with other parts of speech:

Мне **лень** встава́ть.
I am too lazy to get up.

Ему́ **пора́** ложи́ться.
It is time for him to go to bed.

Ей **жаль** меня́.
She feels sorry for me.

(d) The infinitive is used in this category of impersonal sentences to express:

— inevitability:

Быть беде́.
There *will be* a disaster.

Быть войне́.
War is inevitable.

— desirability or advice:

Отдохну́ть бы!
It would be good to rest.

Тебе́ бы **молча́ть**!
You ought to keep quiet.

CHAPTER ELEVEN

— impossibility of executing an action, usually with the particle **не**:

Э́тому не быва́ть. This won't happen.
Не поня́ть вам э́того. You can't understand (it's beyond you to understand) this.

— apprehension, with the particle **не**:

Не опозда́ть бы нам! If only we won't be late!

(4) Impersonal sentences are also used as negative sentences which denote the absence of an object or person. The principal part of such a sentence can be expressed by:

the word **нет**, the particle **ни**: *ни зву́ка, not a sound*;
the pronoun **никого́, ничего́,** *no one, nothing*;
the verb **быть** preceded by the particle **не**: *не́ было; не бу́дет*;
verbs close in meaning to **быть** preceded by the particle **не**: не оказа́ться, не существова́ть, не произойти́, не случи́ться, не оста́ться, не слы́шаться.

The absent thing or person is an object in the genitive case. Such impersonal sentences are mandatory, if reference is made to a missing object. Absence of a person may also be expressed by a personal sentence:

Вчера́ я не́ был до́ма. — instead of — Вчера́ меня́ не́ было до́ма.

B. One-part sentences without predicate are:

a) <u>Nominative sentences</u> which point out the existence or presence of the object or phenomenon denoted by the principal member of the sentence. That principal member is either a noun in the nominative:

Ночь. Темнота́. Жара́. Night. Darkness. Hot weather.

or a personal pronoun:

Вот он. Here he is.

or a combination of a noun and a numeral:

Двена́дцать часо́в. Twelve o'clock.

Nominative sentences are only used in the present tense. They are frequently used in stage directions. They can be combined with attributes:

Зени́тный ого́нь; бесчи́сленные ата́ки вра́жеских истреби́телей. Antiaircraft fire; countless attacks of enemy fighter planes.

They can be exclamatory or interrogative as well as affirmative:

| Во́лны! Бу́ря! | Waves! A storm! |
| — Война́? — | War? |

and are frequently combined with the demonstrative particle **вот** if the designated object is near and **вон**, if it is remote:

| Вот ва́ша ко́мната. | Here is your room. |
| Вон река́. | There is the river. |

b) Following categories of words and word-groups should not be considered as nominal sentences although they, too, lack a predicate and also appear in the nominative:

(1) Titles and inscriptions:

| «Парова́я ме́льница» — прочита́л он на́дпись. | "Steam mill" said the inscription (he read on . . .) |

(2) Presentations — naming of an object or phenomenon which was previously mentioned or is about to be discussed:

| «Знако́мый за́пах души́стого се́на» — поду́мал он. | "The familiar smell of fragrant hay" — he thought. |

(3) Greetings, addresses:

| Ва́ше здоро́вье! | Your health! |
| До́брое у́тро! | Good morning! |

None of these sentences are independent. They do not state the fact that a given object or phenomenon exists, they only name it, often with emotional overtones.

C. <u>One-word sentences</u> are sentences consisting of one word or one word-group which are neither predicate nor subject. The function of these sentences is to confirm or deny a previous pronouncement in a conversation or monologue or to supply an evaluation of such a pronouncement. One-word sentences may be divided into following groups:

a) affirmative, for instance: **Да**, *yes*; **Так**, *so*; **Хорошо́**, *alright*; **Ла́дно**, *o.k.*; **Как же**, *certainly*; **Коне́чно**, *of course*; **Пра́вильно**, *correct*; **Есть**, *o.k.*; **Разуме́ется**, *it goes without saying*, and others.

b) negative, for instance: **Нет**, *no*; **Ни-ни**, *absolutely not*; **Непра́вда**, *untrue*; **Непра́вильно**, *incorrect*, and so forth.

c) interrogative: **Да?** *yes?* **Нет?** *no?* **Так?** *is that right?* **Ничего́?** *you don't mind?* **Хорошо́?** *you agree?* **Неуже́ли?** *can it be?* **Ра́зве?** *really?*

CHAPTER ELEVEN

d) interjections such as: **Эх**, *Oh*; **Ай**, *Oh*, *Tut-tut*; **Эгé**, *Aha*; **Фу**, *Ugh*; **Караýл**, *Help!* **Цыц**, *Quiet!*

e) expressions of greeting, farewell, gratitude, request, excuse, etc.: **Здрáвствуйте**, *how are you*; **Спасúбо**, *thank you*; **Пожáлуйста**, *please*; **До свидáния**, *goodbye* and others.

SYNTACTICAL EXERCISES

I. *Replace the following two-part sentences with synonymic one-part sentences and indicate the type of each one-part sentence.*

1. Былá жáркая, дýшная ночь. **2.** Сидéл я, бывáло, на крыльцé и прислýшивался к тайнственным ночны́м звýкам. **3.** Корóва былá недáвно кýплена в дáльней дерéвне. **4.** Всё кругóм стúхло. **5.** Здесь как бýдто стоя́л зáпах свéжего сéна. **6.** Лётчик получúл прикáз не уезжáть с аэродрóма. **7.** Рáзве он не мог простó уйтú? **8.** Материáлы бы́ли напрáвлены в министéрство. **9.** Начáльник решúл срóчно пострóить машúну. **10.** Песóк занёс забóр. **11.** Развéдчики бы́ли вы́нуждены отступúть. **12.** Молоды́е экипáжи не имéли нáвыков, необходúмых для боевы́х вы́летов. **13.** Ýтро бы́ло неприветливое, уны́лое. **14.** Стремлéние к свобóде рассмáтривалось как престýпная наклóнность. **15.** До одúннадцати часóв пассажúры должны́ бы́ли бóдро гуля́ть по пáлубам. **16.** Зимóй темнотá наступáет рáно. **17.** Я же просúл вас приходúть вó-время. **18.** Снаря́д разбúл стёкла окóшек. **19.** Скóро настýпит заря́. **20.** Волнá нанеслá лóдку на мель.

II. *Form a two-part and a one-part sentence with each of the following verbs which can be used personally as well as impersonally.*

1. вредúть, повредúть **2.** дуть, подýть **3.** заглушáть, заглушúть **4.** качáть, покачáть **5.** надоедáть, надоéсть **6.** окáзываться, оказáться **7.** оставáться, остáться **8.** отрывáть, оторвáть **9.** пересекáть, пересéчь **10.** разгоня́ть, разогнáть **11.** тянýть, потянýть **12.** убивáть, убúть.

ОДИННАДЦАТАЯ ГЛАВА

III. *Assume that you have to write stage directions for a play of your own choosing. Write nominal sentences to describe the setting and time for the first act.*

IV. *Find an appropriate one-word sentence for the following.*

1. ____, нельзя, товарищи, просто невозможно допускать такие методы руководства. 2. ____, те люди, которые были ответственны за нарушение законности, всячески сопротивлялись разоблачению произвола. 3. ____, сказали люди, это не шутка, это требует серьёзного внимания. 4. ____ это правда? 5. ____, я этого не делал. 6. ____, ни слова! 7. ____, какой он негодяй! 8. ____, я вам очень благодарен. 9. ____, я завтра уезжаю. 10. ____ эти женщины живут в полном бездействии? 11. ____, крикнул несчастный от боли. 12. ____, никогда, никогда не женись, мой друг. 13. ____, меня избивают! 14. ____ мой друг, давно тебя не видал. 15. Кольцо блокады нужно обязательно разорвать, ____? 16. Этот лётчик совершил тренировочные прыжки? Да, ____. 17. Мы — строящие муравьи, ____? 18. ____, перебил Лопаткин, ____. 19. ____, сделайте это для меня. 20. ____, будет сделано.

PROBLEMS IN STYLISTICS

A. *Copy from the reading passage all verbs and expressions which are normally applied to animate beings, but are here used in reference to inanimate objects.*

B. Note the colloquial meaning of the verb **дать** in the sentence:

Я те дам, дьявол, бодаться. (p. 125)	I will give it to you, you devil, for butting.

Note other special meanings of **дать**:

1. Ему не дали говорить.	He did not get a chance to speak.
2. Корова дала новой хозяйке подойти.	The cow allowed the new owner to approach.
3. Ему нельзя дать больше сорока лет.	He does not look more than 40.
4. Дочь ни дать ни взять мать.	Mother and daughter are as alike as two peas.

137

CHAPTER ELEVEN

5. Он француз, но ни дать ни   He is a Frenchman, but he speaks
взять говори́т по-италья́нски   Italian exactly like an Italian.
как италья́нец.

Form your own sentences to duplicate these special meanings of **дать**.

TRANSLATION

Translate into Russian.

1. The author wrote a lot today. He was in a mood to write. **2.** She does not look more than twenty years old. **3.** It was so hot and stifling last night that we did not feel like sleeping. **4.** Winter is approaching — dusk is falling early and it is getting dark quickly. The sky has already grown dark. **5.** I was so ill at ease that I broke out in perspiration. **6.** What is it I hear — is water dripping from the pipe? No, it was raining and it is dripping from the trees. **7.** It smells of flowers in the garden and one can easily breathe the fragrant air. **8.** We were told that it is not worthwhile to water corn; it grows well in this dry place. **9.** The whole garden was inundated by the waves. **10.** A quarrel is inevitable. All you can do is avoid a meeting. **11.** She only had to call me up and I would have come at once. **12.** The dry leaves were scattered by the wind. **13.** The window frame was torn off by an enemy shell. **14.** I am so busy that I have no time for (no interest in) reading or visits to shows. **15.** He will not succeed in expressing his opinion. They won't allow him to approach the judge. **16.** He is too lazy to work; he constantly thinks: "It would be good to lie down and fall asleep." **17.** I have never yet been in this institution. **18.** We were no longer forced to work with such intensity. **19.** Not a sound was heard. **20.** Yesterday not a single attack of enemy fighterplanes took place.

CHAPTER 12

Incomplete Sentences; Parenthetic Words, Word-Groups and Sentences

Чте́ние: *Пе́рвые Земля́не на Луне́*

20-го ию́ля 1969 го́да часова́я стре́лка на восто́чном побере́жье США приближа́лась, как изве́стно, к оди́ннадцати часа́м ве́чера, когда́ на Луну́ впервы́е ступи́ла челове́ческая нога́. За шесть с полови́ной часо́в до э́того истори́ческого
5 собы́тия, лу́нная каби́на «Орёл», отдели́вшаяся от основно́го бло́ка косми́ческого корабля́ «Аполло́н 11», опусти́лась на пове́рхность Луны́ и Косми́ческий Центр в Хью́стоне, Теха́се, получи́л радиосообще́ние: «Хью́стон, здесь ба́за Споко́йствия. Орёл прилуни́лся».
10 По́сле отпра́вки э́того сообще́ния, прилуни́вшиеся космона́вты Н. А́рмстронг и Э. О́лдрин удели́ли бо́лее трёх часо́в после́дней, тща́тельной прове́рке бортовы́х систе́м. К сча́стью, все техни́ческие приспособле́ния оказа́лись в по́лной испра́вности и таки́м о́бразом космона́вты могли́ приступи́ть
15 к облаче́нию в косми́ческие костю́мы и вы́ходу из каби́ны.
Костю́мы для хожде́ния по Луне́ ве́сили по 185 фу́нтов. Они́, разуме́ется, бы́ли снабжены́ приспособле́ниями для пребыва́ния в косми́ческих усло́виях, име́ли, во-пе́рвых, свою́ со́бственную атмосфе́ру для защи́ты челове́ка от чрезме́рно
20 ни́зкой и́ли высо́кой температу́ры. В них име́лись, во-вторы́х, запа́сы электроэне́ргии, воды́ и кислоро́да. Кро́ме того́, в них находи́лись приспособле́ния для приня́тия и отпра́вки радиосообще́ний.
Пе́рвым на Луну́ ступи́л космона́вт А́рмстронг. Коснув-
25 шись в пе́рвый раз ного́й лу́нного гру́нта, он сказа́л: «Э́то небольшо́й шаг для одного́ челове́ка, но гига́нтский скачо́к

CHAPTER TWELVE

для всего человечества». Через 19 минут к нему присоединился Олдрин. Более двух часов они выполняли запланированные операции — проверяли способность передвижения по лунной поверхности, установили научные приборы и телевизионную аппаратуру, укрепили национальный флаг США и затем принялись собирать образцы лунных пород. Вне всякого сомнения, что возможность обследования этих образцов на Земле представляет огромный научный интерес. С исключительным вниманием и высочайшим интересом миллионы телезрителей следили за каждым движением космонавтов.

Оказалось, что передвигаться и работать на поверхности Луны не так трудно, как это первоначально предполагалось, несмотря на тяжесть космического одеяния. Этому способствует влияние лунного притяжения, которое равняется только одной шестой земного притяжения. Согласно сообщениям космонавтов, лунная поверхность является пористой и рассыпчатой. Человеческие шаги оставляли на ней отчётливые следы.

На лунной поверхности космонавты пробыли два с половиной часа. Во втором часу утра 21-го июля они вернулись в лунную кабину и закрыли её люк. Совершенно бесспорно, что предстоял самый критический этап полёта — старт с Луны для встречи и стыковки с основной кабиной Аполлона 11, которая во время прилунения «Орла» продолжала летать по окололунной орбите под управлением третьего члена экипажа космического корабля, М. Коллинса.

Однако, лунная кабина благополучно стартовала с Моря Спокойствия и «Орёл» вышел на орбиту Луны. Четыре часа спустя произошла стыковка «Орла» с кораблём-маткой. Во вторник 22-го июля Аполлон 11 вышел из лунной орбиты и началось обратное путешествие, продолжавшееся два с половиной дня. В четверг 24-го июля окончилась историческая миссия трёх космонавтов. «Аполлон 11» сел на воды Тихого океана, в 11 милях от ожидающего авианосца «Хорнет» — «Оса», в 950 милях к юго-западу от Гавайских островов. Водолазы открыли люк «Аполлона 11» и передали космонавтам дезинфицированную одежду. Вертолёт доставил космонавтов на палубу авианосца.

ДВЕНА́ДЦАТАЯ ГЛАВА́

На корабле́ космона́втов напра́вили в осо́бое помеще́ние, в кото́ром начался́ их трёхнеде́льный каранти́н, устано́вленный на слу́чай обнаруже́ния завезённых с Луны́ вре́дных микро́бов. На авиано́сце космона́вты при́были в Перл Ха́рбор и там пересе́ли с корабля́ на тра́нспортный самолёт, кото́рый доста́вил их в Центр Косми́ческих Полётов в Хью́стоне. Там каранти́н космона́втов продолжа́лся до 12-го а́вгуста 1969 го́да.

По газе́тным сообще́ниям,
1969 г.

ВОПРО́СЫ

1. Когда́ челове́ческая нога́ впервы́е ступи́ла на Луну́?
2. Како́е радиосообще́ние получи́л Косми́ческий центр в Хью́стоне?
3. Что прилуни́вшиеся космона́вты сде́лали по́сле отпра́вки э́того сообще́ния?
4. Чем бы́ли снабжены́ костю́мы для хожде́ния по Луне́?
5. Что сказа́л космона́вт А́рмстронг, косну́вшись лу́нного гру́нта?
6. Каки́е запланиро́ванные опера́ции космона́вты выполня́ли на Луне́?
7. Почему́ передвига́ться и рабо́тать на пове́рхности Луны́ оказа́лось ле́гче, чем э́то первонача́льно предполага́лось?
8. Что бы́ло са́мым крити́ческим эта́пом полёта?
9. Что де́лала основна́я каби́на Аполло́на 11 во вре́мя прилуне́ния Орла́?
10. Опиши́те обра́тное путеше́ствие Аполло́на 11.

CHAPTER TWELVE

VOCABULARY

авиано́сец aircraft carrier
бесспо́рно indisputably
бортово́й *adj.* board
вертолёт helicopter
ве́сить, -ят *imp. only* to weigh
водола́з diver
грунт soil
дезинфици́рованный disinfected
достове́рность authenticity, trustworthiness
за́имствовать, за́имствуют *imp. only* to adopt, borrow
запа́с reserve, stock
заплани́рованный planned
защи́та protection
исключи́тельный exceptional
испра́вность good condition
исто́чник source
каби́на module
каранти́н quarantine
кислоро́д oxygen
косми́ческий кора́бль spacecraft
космона́вт astronaut
косну́ться, -у́тся to touch, touch upon; **каса́ться, -ются** *imp.*
лу́нный lunar
люк hatch
микро́б germ
нау́чный scientific
неубеди́тельный unconvincing
облаче́ние robing, doning
обнаруже́ние detection
образе́ц sample; *also*: model
обсле́дование investigation, examination
одея́ние attire
окололу́нная орби́та lunar orbit
орби́та orbit
орёл eagle

основно́й блок *or* **основна́я каби́на** *or* **основно́й кора́бль** command module
отдели́ться, -я́тся to separate; **отделя́ться, -ю́тся** *imp.*
отноше́ние attitude, relationship
отпра́вка dispatch
отчётливый distinct
первонача́льный initial
побере́жье sea coast
пове́рхность surface
подразумева́ться, -ю́тся *imp. only* to be implied
полёт flight
по́ристый porous
поро́да rock; *also*: species
предстоя́ть, -я́т *imp. only* to be in prospect; **мне предстои́т** I am faced with
прибо́р instrument
приём method; *also*: reception
прилуне́ние landing on the moon
прилуни́ться, -я́тся to land on the moon
присоедини́ться, -я́тся to join; **присоединя́ться, -ю́тся** *imp.*
приспособле́ние device, gear
притяже́ние gravity
прове́рка check-up
проверя́ть, -ю́т to check; **прове́рить, -ят** *pf.*
рассы́пчатый granular
сесть на во́ды to splash down
систе́ма apparatus; *also*: system
скачо́к leap
снабди́ть, -я́т to supply with, equip; **снабжа́ть, -ю́т** *imp.*
собесе́дник interlocutor
собы́тие event

ДВЕНАДЦАТАЯ ГЛАВА

сомнéние doubt
спосóбствовать, спосóбствуют *imp. only* to further
старт lift-off, start
стартовáть, стартýют to start
стéпень *f.* degree
стыкóвка link-up, junction
телевизиóнная аппаратýра TV installation
телезритель TV viewer
тя́жесть weight, heaviness
уделить, -я́т to give, appropriate;

уделя́ть, -ют *imp.*
укрепи́ть, -я́т to implant, consolidate; укрепля́ть, -ют *imp.*
установи́ть, -я́т to install; *also*: to establish; устана́вливать, -ют *imp.*
худóжественный artistic
часовáя стрéлка clock (watch) hand
человéчество mankind
чрезмéрный excessive
этáп stage

Грамматика: Неполные предложения; вводные слова, вводные словосочетания и вводные предложения

A. Incomplete sentences are sentences in which a principal or a dependent member is absent—either because the missing part is to be found elsewhere in the syntactical construction or because it is understood from the context.

Incomplete sentences are widely used in colloquial as well as in literary Russian. There are two main types of such sentences:

a) replies in a dialogue which are links in a series of successive remarks and are limited to those words which contribute something new to the conversation, for instance an answer to a question or a counter-question:

— Ты сказáл э́то? — **Сказáл.**
— Вы отпрáвили зая́вку?
— **Зая́вку? Ещё нет.**

— Did you say this? — I did.
— Did you send off the application?
— The application? Not yet.

b) independent sentences in which the predicate is missing. Omission of the predicate is a means of describing a rapidly unfolding action,

CHAPTER TWELVE

particularly if the action is a sudden movement or a lively conversational exchange:

Я вскочи́л — и к две́ри.	I jumped up and (rushed) to the door.
А сын отца́ барко́м по перено́сице.	And the son (hit) the father across the bridge of the nose with the harness cross-bar.
Он мне: «Не лги», а я ему́: «Я говорю́ пра́вду».	He (said) to me: "Don't lie," and I (said) to him: "I am telling the truth."

B. Parenthetic words, word-groups and sentences are not related to any separate part of the sentence. They express the individual point of view of the speaker, his attitude toward what he says. The speaker may wish to indicate:

a) the degree of authenticity of his pronouncement, for instance:

ка́жется, *it seems*; весьма́ возмо́жно, *it is highly probable*;

b) his emotional attitude:

к моему́ удивле́нию, *to my surprise*; к сожале́нию, *unfortunately*;

c) the source of his information:

по слу́хам, *according to rumors*; говоря́т, *it is said*; по-мо́ему, *in my opinion*;

d) the manner in which he is expressing his thoughts:

други́ми слова́ми, *in other words*; так сказа́ть, *so to speak*;

e) the relation between parts of his pronouncement:

кста́ти, *by the way*; ме́жду тем, *meanwhile*; в конце́ концо́в, *in the end*;

f) an appeal to the person he is addressing, a plea for attention:

ви́дите ли, *you see*; предста́вьте себе́, *imagine*.

A great number of words can function both as parenthetic words and as members of a sentence; for instance — from above examples:

Он ка́жется че́стным челове́ком.	He seems to be an honest man.
К моему́ удивле́нию присоедини́лось чу́вство доса́ды.	To my surprise was added a feeling of vexation.
По слу́хам ничего́ нельзя́ бы́ло разобра́ть.	It was impossible to sort out anything on the basis of rumors.

ДВЕНАДЦАТАЯ ГЛАВА

Лу́чше э́то сде́лать **по-мо́ему**.	It would be better to do this in my way.
Он вы́разился **други́ми слова́ми**.	He expressed himself in different words.
Ви́дите ли вы э́ту пло́щадь?	Do you see this square?
Предста́вьте себе́ жа́ркую лу́нную ночь.	Imagine a hot moonlit night.

If the parenthetic word or word-group refers to the whole sentence, it usually appears in the beginning or at the end of the sentence. If it refers only to a part of the sentence, it is usually placed next to those words to which it refers.

Parenthetic sentences have the same function as parenthetic words and word-groups. They are usually placed in the middle of the sentence:

Да и взро́слые, **наско́лько удало́сь мне заме́тить**, избега́ют употребля́ть э́то сло́во в том смы́сле...	But grown-ups too, as far as I was able to observe, avoid using this word in the meaning...
Его́ де́ло нахо́дится в це́нтре внима́ния и, **как вы́разился оди́н нача́льник главка́**, ... име́ет перспекти́ву.	His business is the focus of attention and, as one chief of the central office put it, ... possesses a perspective.

SYNTACTICAL EXERCISES

I. *Read the following incomplete sentences. (In the dialogues they are underlined.) Indicate which members of the sentence are absent and what words should be added to form complete sentences.*

1. — Вы за́втра лети́те? — За́втра.
2. — Немéдленно вылета́ть! — Как? Без зени́тной оборо́ны?
3. — Ну, отчего́ дрожи́шь? — От хо́лода.
4. — Каки́е но́вости с фро́нта? — Хоро́шие.
5. — Ты чита́л э́ту перепи́ску? — Нет, не чита́л.
6. — Чей э́то огоро́д? — Мой.
7. — Хоро́ший он рабо́тник? — На все ру́ки ма́стер.
8. А ты заче́м же на берёзу?

145

CHAPTER TWELVE

9. Вдруг снарядом разбило окно. Мы — вон.
10. Все встают рано и тотчас в столовую, за стол.
11. Луиджи бросился на Джузеппе и его за горло.
12. А тот врага кулаками по голове.
13. Люди ему: «Это не шутка», а он им: «Оставьте меня в покое».
14. Вы о ком? О Лопаткине?
15. Теперь я о деле: Где моя заявка?

II. *Find twelve parenthetic words or word-groups in the reading passage and state their function.*

III. *Form two sentences with each of the following words or word-groups using them (1) as a parenthetic expression, (2) as a member of a sentence.*

1. верно 2. должно быть 3. по словам 4. одним словом 5. напротив 6. говорят 7. с одной стороны..., с другой стороны 8. может быть 9. к несчастью 10. видно.

PROBLEMS IN STYLISTICS

A. In the *Reading* of this Chapter you read:

... с **высочайшим** интересом миллионы телезрителей следили за...

with greatest interest millions of TV viewers watched...

and:

... предстоял **самый критический** этап полёта.

the most critical phase of the flight was coming.

Note other ways of expressing the superlative degree of qualitative adjectives in the following sentences.

Form your own sentences with the adjectives given in parentheses using each of them in the same form of the superlative as the one in the corresponding sample sentence.

1. Коллективные поиски приведут к <u>наилучшему</u> решению проблемы. (высокий) 2. Я познакомился с <u>премилым</u> человеком.

ДВЕНАДЦАТАЯ ГЛАВА

(неприя́тный) 3. Вам сто́ит прочита́ть э́тот рома́н. Э́то интере́снейшее произведе́ние. (почти́тельный) 4. Э́тот рома́н в вы́сшей сте́пени худо́жественное произведе́ние. (доброде́тельный) 5. Здесь даны́ упражне́ния на наибо́лее тру́дные граммати́ческие вопро́сы. (сро́чный) 6. Бе́рег был соверше́нно пусто́й. (обо́рванный) 7. Слова́ Дроздо́ва показа́лись Лопа́ткину абсолю́тно неубеди́тельными. (неподгото́вленный) 8. Лопа́ткин был тала́нтливее всех други́х изобрета́телей. (отчётливый) 9. Из кабине́та Дроздо́ва он вы́шел весь кра́сный. (забры́зганный) 10. Он каза́лся стра́шно взволно́ванным. (упо́рный) 11. Разда́лся ти́хий-ти́хий стон. (мя́гкий) 12. Зада́ча была́ тру́дная из тру́дных. (ничто́жный)

B. At the beginning of the *Reading* in Chapter 10, you read:

На нём... боти́нки с **аккура́тно**   He wore ... boots with neatly
накле́енными запла́тами.   pasted patches.

Note the following: **аккура́тный** means *neat, careful*; "accurate" means **то́чный, ме́ткий**. This is an example of how certain words of foreign origin differ in their Russian meaning from their meaning in the language from which they were borrowed. Foreign words can be "false friends."

Find the exact meaning of the following words and explain how this meaning differs from the English usage.

1. аго́ния 2. актуа́льный 3. драматизи́ровать 4. конфу́зиться
5. конститу́ция 6. либера́льный 7. патети́ческий 8. факти́чески
9. компле́кция.

TRANSLATION

Translate into Russian.

1. Without doubt July 20th, 1969 is a date of the highest importance in the development of mankind and that week the greatest in the history of the world. **2.** The launching of the spacecraft "Apollo 11" and the landing on the moon of the lunar module "Eagle" was seen by millions of TV viewers all over the world (*use:* millions of ... saw ...). **3.** No one felt like sleeping on that night. **4.** Luckily, no misfortune happened, all technical devices were in good condition and all three astronauts succeeded in completing

CHAPTER TWELVE

their extremely complex historic mission. **5.** According to the astronauts' reports, the surface of the moon, earth's nearest celestial neighbor, turned out to be granular and porous. **6.** Indisputably the study of the samples of lunar soil and rocks will be of the highest interest and importance. **7.** In case of the destruction of the lunar module, it would have been impossible to save the lives of the astronauts. **8.** However, the link-up of the "Eagle" with the command module took place on schedule and the return trip to Earth ended two and a half days later. **9.** On the occasion of the moon landing, July 20th was a national holiday. **10.** The hatch of "Apollo 11" was opened by divers; and all three members of the spaceship crew arrived by helicopter on board of the aircraft carrier "Hornet."

11. Your calculations were very liberal. **12.** A liberal arts college was recently opened in this town. **13.** This is practically impossible. **14.** She was in agony from grief and fear. **15.** The director instantly noticed the inventor's healthy complexion and strong constitution. **16.** The convict moaned heart-rendingly. He is terribly pathetic. **17.** Perhaps he is trying to dramatize his position. **18.** This is an urgent problem which I actually cannot solve. **19.** I was faced with meeting so many people that I became confused. **20.** One should never get flustered.

Vocabularies

ABBREVIATIONS

acc.	accusative case	*impers.*	impersonal verb
adj.	adjective	*indecl.*	indeclinable
adv.	adverb	*indeterm.*	indeterminate
cj.	conjunction	*instr.*	instrumental case
coll.	collective numeral	*intrans.*	intransitive
dat.	dative case	*m.*	masculine gender
determ.	determinate	*n.*	neuter gender
fam.	familiar	*part.*	particle
f.	feminine gender	*pf.*	perfective aspect
gen.	genitive case	*pl.*	plural
gram.	grammar	*pr.*	preposition
imp.	imperfective aspect	*prep.*	prepositional case

RUSSIAN-ENGLISH VOCABULARY

A

а *cj.* but, and
а то otherwise
абсолю́тный absolute, utter
авари́йный *adj.* crash, accident
авиано́сец aircraft carrier
авиацио́нный *adj.* aircraft
автомоби́ль *m.* car, automobile
автомоби́льный *adj.* car, automobile
а́втор author
авторите́т authority
авторите́тный competent
аго́ния agony, throes of death
а́дрес address
а́дский infernal
аккура́тный neat, careful
актуа́льный timely, topical
альпини́зм mountain climbing
амба́р barn
англи́йский *adj.* English
аппарату́ра apparatus
аппети́т appetite
арба́ cart
ата́ка attack
атмосфе́ра atmosphere
аэродро́м airport

Б

багро́вый crimson
ба́за base
бак forecastle; boiler, tank
балова́ть to be naughty; to pamper, spoil (балу́ю, -ешь, -ют); побалова́ть *pf.*
ба́льный зал ballroom
банкро́тство bankrupcy
ба́ня bathhouse
бар bar
баро́к harness crossbar
бе́гать (I) *indeterm.* to run; бежа́ть *determ.* (бегу́, бежи́шь, бегу́т); побежа́ть *pf.*
беда́ misfortune
бе́дность *f.* poverty
бе́дный poor, destitute; deserving sympathy; бе́ден, бедна́ (+ *instr.*) poor in
бедня́га poor thing
без *pr.* (+ *gen.*) without
безвозвра́тный irretrievable
безде́йствие idleness, inaction
безжа́лостный merciless
безнра́вственный immoral
бели́ла *pl.* whiting
бело́к white (of eye, of egg)
бе́лый white
бе́рег shore, bank
берёза birch tree
бере́менность *f.* pregnancy
бере́чь to protect, take care of (берегу́, бережёшь, берегу́т) *past*: берёг, берегла́; сбере́чь *pf.*
беспла́тный free, gratis
беспоко́йный restless; uneasy
беспоря́док disorder
бессмы́слие senselessness
бесспо́рно indisputably
бессты́дный shameless
бесчи́сленный countless
биле́т ticket
биологи́ческий biological
биржево́й *adj.* stock exchange
бить to beat (бью, бьёшь, бьют); поби́ть *pf.*
бла́го welfare, good
благода́рный gratifying; grateful; благода́рен, благода́рна (+ *dat.*) obliged to (whom)
благодаря́ thanks to; due to
благополу́чный safe; all right
бледноро́зовый pale pink
бле́дный pale
блестя́щий shining; brilliant
ближа́йший nearest
бли́же closer, nearer
бли́зкий near, close
бли́зость *f.* nearness, closeness
блинда́ж dug-out
блок block
блока́да blockade
блюсти́ to preserve, keep (блюду́, -ёшь, -у́т)
бога́тый rich; бога́т, бога́та (+ *instr.*) rich in
бода́ться (I) *imp. only* to butt
бо́дрый brisk; cheerful
боево́й *adj.* battle
бой battle
бок side (right or left)
бо́лее more
боле́знь *f.* illness
боле́ть (I) to be ill; заболе́ть *pf.* to fall ill; боле́ть (II) (боли́т, боля́т) to ache, hurt
боль *f.* pain
больни́ца hospital
больно́й ill, patient
бо́льше не no more, no longer
большо́й large, big

бомбардиро́вщик bomber plane; bomber plane pilot
борт side (of ship)
бортово́й adj. board
борьба́ struggle
боти́нки pl. boots
боя́ться to fear (бою́сь, -и́шься, -я́тся); побоя́ться pf.
брат brother
брать to take (беру́, -ёшь, -ут); взять (возьму́, -ёшь, -ут) pf.
брешь f. breach
бри́чка trap
броди́ть to wander, roam; to ferment (брожу́, бро́дишь, -ят); поброди́ть pf.
бродя́га m. and f. tramp
броса́ть (I) to throw; бро́сить (бро́шу, бро́сишь, -ят) pf.
бро́ситься to rush, fall upon (бро́шусь, бро́сишься, -ятся); броса́ться (I) imp.
брю́ки pl. trousers
буго́р mound
буква́льный literal
бульо́н broth
бума́га paper
буржуа́ indecl. bourgeois
буржуа́зия bourgeoisie
бу́ря storm
бутербро́д sandwich
буты́лка bottle
быва́ло part. used to
быва́ть (I) to be, to occur; to frequent, visit imp.
бы́вший former
бык bull
бы́ло part. nearly
быстре́йший fastest; extremely quick
бы́стрый quick, swift
быт way of life

бы́тность f. sojourn, stay
бюдже́т budget
бюро́ indecl. bureau; office

В

в pr. + acc. in, into, through
ваго́н carriage, coach
ва́жный important
ва́за vase
валя́ться (I) to lie around imp.
ва́нна bathtub
вво́дный parenthetical
ввя́зываться (I) to become involved; ввяза́ться (ввяжу́сь, -ешься, -утся) pf.
вдали́ far off
вдаль into the distance
вдво́е double; twice
вдвоём two together
вдруг suddenly
ведро́ bucket
ведь cj. you know
ве́дьма witch
везде́ everywhere
век century; на ве́ки веко́в forever
вели́кий great
величина́ size; magnitude
вене́ц crown
ве́ра belief; faith
ве́рить (II) to believe, trust; пове́рить pf.
верну́ться to return (I) pf.; возвраща́ться imp.
ве́рный true; correct; ве́рно probably; correctly
вероя́тно probably
верста́, pl. вёрсты verst (3500 feet)
вертолёт helicopter
верху́шка top; summit

151

ве́рша   fishing basket
ве́рящий   trusting
весёлый   gay
ве́сить   *imp. only*   to weigh (ве́шу, ве́сишь, -ят)
вести́   *determ.*   to lead (веду́, -ёшь, -у́т); *past*: вёл, вела́; повести́ *pf.*; води́ть (вожу́, во́дишь, -ят) *indeterm.*
весь, вся, всё, *pl.* все   all; the whole of
весьма́   highly
ве́тер   wind
ве́тхий   decrepit
ве́чер   evening
вече́рний *adj.*   evening
вещь *f.*   thing, object
взви́згивать (I)   to scream; взви́згнуть (-у, -ешь, -ут) *pf.*
взвыва́ть (I)   to howl; взвы́ть (взво́ю, -ешь, -ют) *pf.*
взгляд   glance
взро́слый   adult
взять   to take (возьму́, -ёшь, -у́т) *pf.*; брать (беру́, -ёшь, -у́т) *imp.*
ви́деть   to see (ви́жу, ви́дишь, -ят); уви́деть *pf.*
ви́димо   apparently
видне́ться   to be visible (видне́ется, видне́ются)
ви́дный   noted; ви́ден, видна́ visible
вина́   guilt
ви́нный *adj.*   wine
вино́   wine
винова́тый   guilty; винова́т, винова́та   is to blame for
вишнёвый *adj.*   cherry
вку́сный   tasty
вла́жный   moist; damp
власть *f.*   power

влива́ться (I)   to flow into, merge; вли́ться (вольётся, волью́тся) *pf.*
влия́ние   influence
внеза́пный   sudden
внерабо́чий   free of work
вне́шность *f.*,   appearance; exterior
внизу́   below
внима́ние   attention
вновь   anew
внутри́   inside
внутрипарти́йный   inside the party
внутрь   inside (into)
внуша́ть (I)   to suggest; inspire; внуши́ть (II) *pf.*
во́время   on time
во́все   quite; во́все не   not at all
вода́   water
води́тель *m.*   driver
во́дка   vodka
водока́чка   water pump
водола́з   diver
водяно́й *adj.*   water
вое́нно-полево́й суд   court martial
вое́нный   service man; military
возбужда́ть (I)   to excite, stimulate; возбуди́ть (возбужу́, возбу́дишь, -ят) *pf.*
возбужде́ние   stimulation; excitement
возвести́   to elevate (-веду́, -ёшь, -у́т); возводи́ть (-вожу́, -дишь, -дят) *imp.*
возвраща́ться (I)   to return; возврати́ться (возвращу́сь, возврати́шься, -я́тся) *pf.*; верну́ться (верну́сь, вернёшься, -у́тся) *pf.*
возвраще́ние   return
возгора́ться (I)   to be inflamed; to flare up; возгоре́ться (II) *pf.*

возгорди́ться to become proud, conceited (возгоржу́сь, возгорди́шься, -я́тся) *pf. only*
возду́шный *adj.* air
во́зле by, near
возмо́жность *f.* possibility
возмо́жный possible
возни́кнуть to spring up; to originate (-ет, -ут); возника́ть (I) *imp.*
возобнови́ться to be resumed (возобнови́тся, -я́тся); возобновля́ться (I) *imp.*
возомни́ть (II) *pf. only* to become conceited
возрожда́ться (I) to be reborn; возроди́ться (возрожу́сь, возроди́шься, -я́тся) *pf.*
вой howl
война́ war
во́йско army
войти́ to enter (войду́, -ёшь, -у́т); *past*: вошёл, вошла́; входи́ть (вхожу́, вхо́дишь, -ят) *imp.*
волк wolf
волна́ wave
волнова́ться to be agitated, upset (волну́юсь, -ешься, -ются); заволнова́ться, взволнова́ться *pf.* to become agitated, upset
во́лосы *pl.* hair
волше́бный magical
во́ля will; liberty
вон *adv.* out; *part.* over there
вообще́ in general; on the whole
вопреки́ *cj.* + *dat.* in spite of
вопро́с question
воро́ний crow's
во́семь eight
воскресе́ние resurrection
воспита́ние upbringing

воспламени́ться (II) to take fire; воспламеня́ться (I) *imp.*
воспомина́ние memory; recollection
воспроизво́дство reproduction, restoring
воспря́нуть ду́хом *pf. only* to take heart
воссоедине́ние reunification
воссозда́ть to re-create, reconstitute (воссозда́м, воссозда́шь, воссозда́ст, воссоздади́м, воссоздади́те, воссоздаду́т); воссоздава́ть *imp.* (воссозда́ю, -ёшь, -ю́т)
восстана́вливать (I) to restore, reestablish; восстанови́ть (восстановлю́, восстано́вишь, -ят) *pf.*
восста́ние uprising
восто́чный eastern
восхваля́ть (I) to extol; восхвали́ть (II) *pf.*
восхище́ние admiration; ecstasy
восхо́д rise; восхо́д со́лнца sunrise
вот *part.* here, there
впа́лый sunken
впервы́е for the first time
вперёд forward
впереди́ ahead; in front
впечатле́ние impression
вполне́ fully, quite
враг enemy
вражда́ animosity
вра́жеский *adj.* enemy
вреди́ть to harm, damage (врежу́, вреди́шь, -я́т); повреди́ть *pf.*
вре́дный harmful
вре́менный temporary
вре́мя time
всего́ in all; all together

153

всеми́рный worldwide
всесторо́нний comprehensive
всё-таки still; nevertheless
всецело́ entirely, wholly
вскочи́ть to jump up (вскочу́, -и́шь, -а́т); вска́кивать (I) *imp.*
вскрыва́ть (I) to bring to light; to dissect; вскрыть (-о́ю, -е́шь, -ю́т) *pf.*
вспомина́ть (I) to remember; вспо́мнить (II) *pf.*
встава́ть to get up (встаю́, -ёшь, -ю́т); встать (вста́ну, -ешь, -ут) *pf.*
встре́тить to meet (встре́чу, встре́тишь, -ят); встреча́ть (I) *imp.*
встре́ча meeting; encounter
вступи́ться to stand up for (вступлю́сь, вступи́шься, -ятся); вступа́ться (I) *imp.*
всходи́ть to rise; to sprout; взойти́ *pf.*
всю́ду everywhere
вся́кий any, anyone; insignificant
вта́йне secretly
второ́й second
вход entrance
вчера́ yesterday
вы́брать to choose, select, elect (вы́беру, -ешь, -ут); выбира́ть (I) *imp.*
вы́брить to shave (вы́брею, -ешь, -ют); брить *imp.*
вы́вернутый turned outward
вы́гнать to drive out; to expell (вы́гоню, -ишь, -ят); выгоня́ть (I) *imp.*
вы́дать to give in marriage; to betray (вы́дам, вы́дашь, вы́даст, вы́дадим, вы́дадите, вы́дадут); выдава́ть (выдаю́, -ёшь, -ю́т) *imp.*

вы́дача giving out
вы́езд departure
вы́ехать to drive out, to leave (вы́еду, -ешь, -ут); выезжа́ть (I) *imp.*
вы́звать to call for; to provoke (вы́зову, -ешь, -ут); вызыва́ть (I) *imp.*
вызыва́ющий arrogant
вы́лет flight; sortie
вы́лететь to fly out, take off (вы́лечу, вы́летишь, -ят); вылета́ть (I) *imp.*
вы́мокнуть to get drenched (вы́мокну, -ешь, -ут); *past*: вы́мок, вы́мокла; вымока́ть (I) *imp.*
вынужда́ть (I) to force, compel; вы́нудить (вы́нужу, вы́нудишь, -ят) *pf.*
выполне́ние carrying out; discharge
выполня́ть (I) to fulfill, carry out; вы́полнить (II) *pf.*
вы́правка bearing
выраже́ние expression
вы́разить to express (вы́ражу, вы́разишь, -ят); выража́ть (I) *imp.*
вы́разиться to express oneself; to be expressed (вы́ражусь, вы́разишься, -ятся); выража́ться (I) *imp.*
вы́сказаться to express one's opinion (вы́скажусь, -ешься, -утся); выска́зываться (I) *imp.*
выска́зывать (I) to express, state; вы́сказать (-жу, -ешь, -ут) *pf.*
высо́кий tall, high
высоча́йший highest; extremely high
вы́ставить to thrust forward, to fire (вы́ставлю, вы́ставишь, -ят); выставля́ть (I) *imp.*

выступа́ть (I) to come forward; вы́ступить (вы́ступлю, вы́ступишь, -ят) *pf.* to appear
вы́сший highest; higher
вы́тертый threadbare
вы́тянуть (I) to stretch out; вытя́гивать (I) *imp.*
вы́ход exit; way out
выходи́ть to go out; to come out (выхожу́, выхо́дишь, -ят); вы́йти (вы́йду, -ешь, -ут) *pf.*
вы́чет deduction
вы́чистить to clean (вы́чищу, вы́чистишь, -ят); чи́стить *imp.*
вы́ше higher
вяза́ть to bind, tie up (вяжу́, вя́жешь, -ут); связа́ть *pf.*

Г

гава́нский *adj.* havana
газе́та newspaper
газе́тный *adj.* newspaper
гениа́льный brilliant
ге́ний genius
геро́й hero
ге́тра spat, gaiter
ги́бель *f.* destruction
гига́нтский gigantic
гимна́стика gymnastic exercises
глава́ head; chief; chapter
главк central office
гла́вный main, principal
глаго́льный *gram.* verbal
гла́дкий smooth
глаз eye, *pl.* глаза́
глубина́ depth
глубо́кий deep
глубокомы́сленный profound
глухо́й deaf; deserted; глух, глуха́ к turns a deaf ear to

гляде́ть to peer, gaze (гляжу́, гляди́шь, -я́т); погляде́ть *pf.*
гнев wrath
гнездо́ nest, *pl.* гнёзда
говори́ть (II) to speak; to say; поговори́ть (II) *pf.* to have a short talk; сказа́ть (скажу́, ска́жешь, -ут) *pf.* to say, tell
год year
годи́ться *imp. only* to be fit for (гожу́сь, годи́шься, -я́тся); *impers.* + не one ought not to
го́дный fit
годово́й yearly
голова́ head
го́лод hunger
голо́дный hungry
го́лос voice, *pl.* голоса́
гора́ mountain
го́ре grief
горе́ть (II) to burn; сгоре́ть (II) *pf.*
горизо́нт horizon
го́рло throat
го́рница (*regional*) room
го́род town
го́рький bitter
гости́ная living room
гость *m.* guest
госуда́рственный *adj.* state
госуда́рство state
гото́виться to get ready for (гото́влюсь, гото́вишься, -ятся); пригото́виться *pf.*
гото́вый finished; ready for use; гото́в, гото́ва ready; prepared
граждани́н citizen, *pl.* гра́ждане
грани́ца frontier; из-за грани́цы from abroad
греме́ть to clatter (гремлю́, греми́шь, -я́т); прогреме́ть *pf.*
Гре́ция Greece
грима́са grimace

грома́дный enormous
гро́мкий loud
гру́бый coarse
грудь *f.* chest; bosom
Гру́зия Georgia
гру́зность *f.* corpulence, bulk
грунт soil
гру́ппа group
гру́стный sad
гря́да garden bed
гря́зный dirty
грязь *f.* dirt, mud
губа́ lip
гуля́ть (I) to stroll; погуля́ть *pf.*
гу́сеница caterpillar
густо́й thick, dense

Д

да yes; *cj.* and
дави́ться to choke (давлю́сь, да́вишься, -ятся); подави́ться *pf.*
давно́ long ago, long since
да́же even
да́льний distant
да́льше farther
да́ма lady
Да́ния Denmark
да́нный given, *pl.* да́нные (*also*: data)
два two; *f.* две
два́дцать twenty
два́жды twice, two times
двена́дцать twelve
дверь *f.* door
дви́гаться (I) to move; to advance; дви́нуться (дви́нусь, -ешься, -утся) *pf.*
движе́ние movement; traffic

дво́е *coll.* two
двор yard; court
двусоста́вный two-part
двухсве́тный two-storied
де́вочка little girl
де́вушка young girl
дед grandfather
дезинфици́рованный disinfected
де́йствие action
действи́тельный real; actual
де́йствовать *imp. only* to act, operate (де́йствую, -ешь, -ют)
декольти́рованный low necked
де́лать (I) to do; to make; сде́лать (I) *pf.*
де́лать вид to pretend; сде́лать вид *pf.*
делега́т delegate
дели́ться (II) to be divisible (*also*: to share) (-юсь, де́лишься, -ятся); подели́ться *pf.*
де́ло matter, business; в са́мом де́ле really, indeed
демокра́тия democracy
де́нди *indecl. m.* dandy
день *m.* day
де́ньги *pl.* money
дере́вня village; countryside
де́рево tree, *pl.* дере́вья
деревя́нный wooden
держа́ться (II) *imp. only* to hold oneself; to stand firm; to adhere
десятиле́тний *adj.* ten years
де́сять ten
дета́ль *f.* detail
де́тский *adj.* children's; childish
де́ятельность *f.* activity
ди́кий wild
дина́мика dynamism
дире́ктор director
дисципли́на discipline
длина́ length

длинный long
длительный lengthy
длиться (II) to last; продлиться pf.
для pr. + gen. for
дневной adj. day
дно bottom
до pr. + gen. up to; until; до сих пор up to now; still
добродетельный virtuous
добрый kind, good
добряк good soul
довольствоваться imp. only to draw supplies; to be fed (довольствуюсь, -ешься, -ются)
дождь m. rain
доказать to prove (докажу, докажешь, -ут); доказывать (I) imp.
долго for a long time
долететь to reach (flying) (долечу, долетишь, -ят); долетать (I) imp.
должный due, proper; должен, должна must
дом house; дома at home; домой homeward
домик, домишко small house
доноситься to be heard (доносится, доносятся); донестись (донесётся, донесутся) pf.
дополнение gram. object
допускать (I) to tolerate, to admit; допустить (допущу, допустишь, -ят) pf.
дореволюционный prerevolutionary
дорога road
дорогой expensive; дорог, дорога (+ dat.) dear to someone
досада vexation, annoyance
доска board; plank

доставить to deliver; to cause (доставлю, доставишь, -ят); доставлять (I) imp.
достижение achievement
достичь to achieve, reach (достигну, -ешь, -ут); достигать (I) imp.
достоинство dignity
достойный worthy
дочь f. daughter, pl. дочери
драгоценный precious
драка fight, scuffle
драматизировать imp. only to dramatize, convert a literary work into a drama play (драматизирую, -ешь, -ют)
древесина wood as substance of tree
дрожать (II) to tremble, shake; задрожать pf.
дрожжи pl. yeast
друг friend, pl. друзья
другой another
думать (I) to think; подумать (I) pf.
дурак fool
дурачина m. and f. nitwit
дурной evil, bad; дурен, дурна bad looking
дуть (I) to blow; подуть (I) pf.
дух spirit; spirits
духовный spiritual
душа soul
душистый fragrant
душный stifling
дым smoke
дышать (II) to breathe; подышать pf.
дышаться impers. to be able to breathe (дышится); past: дышалось
дьявол devil

Е

едá food
едвá ли hardly; едвá ли не almost
едини́ца unit
еди́нственный sole, only
еди́нство unity
еди́ный sole, indivisible
éжели if
естéственный natural
есть to eat (ем, ешь, ест, еди́м, еди́те, едя́т); съесть *pf.*
ещё still; ещё не not yet

Ж

жáдный greedy
жалéть (I) to pity; пожалéть (I) *pf.*
жáлкий pitiful (provoking compassion)
жáлобный pitiful (expressing suffering)
жаль + *dat.* to be sorry; to pity
жарá heat
жаргóнный slangy
жáркий hot
ждать to wait (жду, -ёшь, -ут); подождáть *pf.*
желáние wish, desire
желáть (I) to wish; пожелáть (I) *pf.*
железнодорóжный *adj.* railroad
желéзо iron
женá wife
жени́ться *imp. and pf.* to get married (-юсь, жéнишься, -ятся)
жéнщина woman
жестóкий cruel
жестóкость *f.* cruelty

живóй alive, lively
живóт stomach
живóтное animal
жизнь *f.* life
жилéц tenant, lodger
жи́тель *m.* inhabitant
жить to live (живу́, -ёшь, -у́т); пожи́ть, прожи́ть *pf.*

З

за *pr.* (+ *acc., instr.*) behind, beyond, at, after, for, because of, by
забóр fence
забормотáть to begin to mumble (забормочу́, -ешь, -ат); бормотáть *imp.* to mumble
забрáться to climb, reach, penetrate (беру́сь, -ёшься, -у́тся); забирáться (I) *imp.*
забры́зганный spattered
забывáть (I) to forget; забы́ть (забу́ду, -ешь, -ут) *pf.*
завáл obstruction
завали́вшийся caved in
завезти́ to leave supply with (завезу́, -ешь, -ут); завози́ть (завожу́, завóзишь, -ят) *imp.*
завéт precept, behest
зáвтра tomorrow
зáвтрак breakfast
загвóздка difficulty
заглушáть (I) to muffle; заглуши́ть (II) *pf.*
заграждéние obstruction
зáданный set, prescribed
задáча problem, task
задéть to affect; to knock against (задéну, -ешь, -ут); задевáть (I) *imp.*

задра́ть to lift up, raise (задеру́, -ёшь, -ут); задира́ть (I) *imp.*
задрёмывать (I) to doze; задрема́ть *pf.*
заду́маться (I) to ponder, be lost in thought; заду́мываться (I) *imp.*
заи́грывать (I) to flirt; заигра́ть (I) *pf.*
зака́з order
заки́нутый cast, tossed
закипа́ть (I) to begin to boil; закипе́ть (II) *pf.*
зако́нность *f.* validity, legitimacy
закры́ть to close (закро́ю, -ешь, -ют); закрыва́ть (I) *imp.*
зал hall
за́литый *or* зали́тый flooded
зали́ть to inundate (залью́, -ёшь, -ю́т); залива́ть (I) *imp.*
замени́ть (II) to replace; заменя́ть (I) *imp.*
заме́тить to observe; to remark (заме́чу, -тишь, -ят); замеча́ть (I) *imp.*
замеча́ние remark, observation
замкну́ть to lock up (замкну́, -ёшь, -у́т); замыка́ть (I) *imp.*
за́мужем to be married (of a woman)
за́мысел intention, project
занести́ to bring in, note down (занесу́, -ёшь, -у́т); *impers.* to obstruct; *past*: занёс, занесла́; заноси́ть (заношу́, зано́сишь, -ят) *imp.*
занима́ться (I) to become, be occupied; заня́ться (займу́сь, -ёшься, -у́тся) *pf.*
за́ново anew
заня́тие occupation
за́нятый busy; occupied

за́пад West
запа́с reserve, stock
за́пах smell
запе́ть to start singing (запою́, -ёшь, -ю́т); петь *imp.* to sing
запи́ска note
заплани́рованный planned
запла́та patch
заплати́ть to pay (заплачу́, запла́тишь, -ят); плати́ть *imp.*
запро́с requirement, interest
запря́чь to harness (запрягу́, запряжёшь, запрягу́т); *past*: запря́г, запрягла́; запряга́ть (I) *imp.*
за́пуск launching
запу́тать (I) to confuse, tangle; пу́тать (I) *imp.*
зарожде́ние conception
заря́ dawn
заслу́женный earned, honoured
заста́вить to force, compel; to obstruct, block up (-влю, -ишь, -ят); заставля́ть (I) *imp.*
засты́вший stiffened
зате́м then, thereupon
зато́ *cj.* but, on the other hand, in return for
затону́вший sunken
затра́та expenditure
заходи́ть to drop in (захожу́, захо́дишь, -ят); зайти́ (зайду́, -ёшь, -у́т) *pf.*
зачасту́ю frequently
зача́хнуть to wither (-у, -ешь, -ут); ча́хнуть *imp.*
заштопа́ть (I) to mend, darn; што́пать (I) *imp.*
защи́та protection, defense
защи́тник defender, protector

ЗАЯВКА

заявка   claim, application
звон   clanging, chiming
звонить (II)   to phone, ring;
   позвонить pf.
звонок   bell, ring
звук   sound
здоровый   healthy
здоровье   health
зевака m. and f.   idler
зелёный   green
земля   earth; ground
земляне   inhabitants of the earth
земной   earthy, terrestrial
зенитный adj.   antiaircraft
зима   winter
зимний adj.   winter
зипун   homespun coat
зиять (I) (with inanimate nouns)   to gape, yawn
зло   evil, malice
злоба   anger, spite
злость f.   malice, fury
злоупотребление   abuse
змея   snake
знакомство   acquaintance
знакомый   familiar; acquaintance
знаменитый   famous
знание   knowledge
знать (I)   to know; узнать (I) pf. to find out
значение   meaning
значительный   considerable, significant
значить (II) imp. only   to mean
знобить (II) impers. + acc.   to shiver from fever
золотой   golden
зона   zone
зрелище   spectacle
зрелищный adj.   show, entertainment

И

и cj.   and
и... и cj.   both . . . and
ибо   since, because
ивовый adj.   willow
игра   play
играть (I)   to play; поиграть pf. to play for a while; сыграть pf. to play through (particularly music)
идеал   ideal
идол   idol
из pr. + gen.   out of
избегать (I)   to avoid; избежать (-гу́, -жи́шь, -гу́т) pf.
избить   to beat up (изобью, -ёшь, -ют); избивать (I) imp.
известность f.   fame, reputation
известный   a certain; well known
извозчик   horsecab driver
извращать (I)   to pervert, distort; извратить (-щу́, -ти́шь, -тя́т) pf.
изгородь f.   fence
издали   from a distance
из-за pr. + gen.   from behind, because of
излюбленный   favorite, pet
изменение   change
измерение   measurement
изнасиловать   to rape (изнасилую, -ешь, -ют); насиловать imp.
изобретатель m.   inventor
изобретательство   invention
изобретение   invention
изорванный   tattered, torn
изъян   flaw, defect
изысканный   refined
изящный   refined, elegant

160

и́ли *cj.* or; и́ли... и́ли either ... or
и́менно precisely, namely
и́менное сказу́емое *gram.* nominal predicate
име́ть (I) *imp. only* to own, possess
и́мя name, *pl.* имена́
ина́че differently, otherwise
индиви́дуум individual
иногда́ sometimes
иностра́нный foreign
интенси́вность *f.* intensity
интервью́ *n. indecl.* interview
интере́с interest
интере́сный interesting
интересова́ться to be interested (интересу́юсь, -ешься, -ются); заинтересова́ться *pf.* to become interested; поинтересова́ться *pf.*
иска́ть to look for (ищу́, и́щешь, -ат); поиска́ть *pf.*
исключи́тельный exceptional
иску́сственный artificial
испа́рина evaporation
испо́лнить (II) to carry out, execute; исполня́ть (I) *imp.*
исполня́ться (I) to be performed, fulfilled; испо́лниться (II) *pf.*
испо́льзовать *imp. and pf.* to utilize (испо́льзую, -ешь, -ют)
испра́вность *f.* good condition
испу́г fright
испы́тывать (I) to experience, test; испыта́ть (I) *pf.*
исто́пник furnace man
истори́ческий historical
истреби́тель *m.* destroyer
исту́пленный frenzied
истяза́ние torture
италья́нский Italian
ию́ль *m.* July

К

каби́на module
кабине́т study, office
ка́ждый each, every
каза́ться to seem (кажу́сь, -ешься, -утся); показа́ться *pf.*
казённый public
как how, as
как бу́дто *conj.* as though
какаду́ *indecl. m. and f.* cockatoo
кака́о *indecl. n.* cocoa
како́в what is he (she, it) like
кале́ка *m. and f.* cripple
кало́ши rubbers
ка́менный *adj.* stone
ка́мень *m.* stone
камзо́л (*archaic*) coat
кампа́ния campaign
камы́ш cane, reed
камышо́вый made of cane
кана́л canal
канализацио́нный *adj.* sewer
кант edge, piping
ка́нуть *pf. only* to sink, vanish
ка́пать (I) to drip; ка́пнуть (ка́пнет, -ут) *pf.*
каранти́н quarantine
карма́н pocket
карти́на picture
каса́ться (I) to touch, concern; косну́ться (I)
катастро́фа catastrophe
кати́ться to roll (качу́сь, ка́тишься, -ятся); покати́ться *pf.*
ка́торжный convict
кача́ть (I) to shake; to rock; покача́ть (I) *pf.*
ка́чество quality, trait; в ка́честве in the capacity of
кварти́ра apartment
кероси́новый *adj.* kerosene

161

кипято́к boiling water
кирпи́чный *adj.* brick
кислоро́д oxygen
кисть *f.* tassel, brush; bunch
ки́тель *m.* tunic
кла́виш *or* кла́виша key (of instrument)
клакёр claqueur
класть to put, lay down (кладу́, -ёшь, -у́т); положи́ть (II) *pf.*
клевета́ slander
клие́нт client
ключ key
кни́га book
княги́ня princess
князь *m.* prince
ковёр rug
когда́-нибудь sometime
ко́е-кто some people; ко́е-что some, a few things; ко́е-где in a few places; ко́е-как somehow
ко́жа skin, leather
колеба́ние hesitation, fluctuation
колеба́ться to hesitate (-лю́сь, -ешься, -лются); поколеба́ться *pf.*
колесо́ wheel, *pl.* колёса
коли́чество quality; number
коллекти́в collective (body)
коллективиза́ция collectivization
коллекти́вный *adj.* collective
коло́дец well
колониза́ция colonization
коло́ния colony
коло́нна column
кольцо́ ring
кома́нда crew; command
команди́р captain, commander
комбина́т combine, group of enterprises
комите́т committee

коммуни́ст communist
коммунисти́ческий *adj.* communist
ко́мната room
компле́кция bodily build, constitution
коне́ц end
коне́чно of course
конститу́ция constitution (of a country)
констру́ктор designer
констру́кторский *adj.* design
контине́нт continent
конфере́нция conference
конфу́зиться to be flustered, disconcerted (конфу́жусь, конфу́зишься, -ятся); сконфу́зиться *pf.*
конча́ть (I) to finish; ко́нчить (II) *pf.*; конча́ться to come to an end; ко́нчиться *pf.*
кора́бль *m.* ship
кора́бль-ма́тка mother ship
корзи́на basket
коридо́р hallway
корм feed
коро́ва cow
коро́ткий short
косми́ческий cosmic, space
космона́вт astronaut
ко́смос cosmos
косну́ться (I) to touch; to touch upon; каса́ться (I) *imp.*
кость *f.* bone
костю́м costume, dress
котёл *m.* pot, kettle
котёнок kitten, *pl.* котя́та
кото́рый which, who
ко́фе *indecl.* coffee
ко́фта jacket
кочега́р stoker (of furnace)
край edge, border, region
кра́йний extreme, last

краси́вый   beautiful, attractive
краснота́   redness
кра́сный   red
кра́ткий   of brief duration;
  кра́ток, кратка́   expressed briefly
кре́пкий   strong, firm
кре́сло   armchair
крестья́нин   peasant, *pl.*
  крестья́не
креще́ние   baptism
криво́й   crooked
крик   shout, cry
кри́кнуть   to shout (кри́кну, -ешь, -ут); крича́ть (II) *imp.*
крику́нья *f.*   shouter
кри́тика   criticism
крити́ческий   critical
кровь *f.*   blood
кро́ме *cj.* + *gen.*   except, besides
круг   circle; кру́го́м *adv.* around
кру́глый   round
круто́й   hardboiled (egg); steep, sharp (turn); stern; thick set
крутоше́ий *adj.*   with thick neck
крыльцо́   porch
крючо́к   hook
кто   who
куда́   where to
кукуру́за   corn
кула́к   fist; kulak
ку́ли *indecl. m.*   coolie
культ   cult
культу́рный   cultural; cultured
купи́ть   to buy (куплю́, ку́пишь, -ят); покупа́ть (I) *imp.*
кури́ть (II)   to smoke; закури́ть (II) to begin to smoke; покури́ть (II) to have a smoke
ку́ртка   jacket
ку́ча   heap

Л

ла́герь *m.*   camp
ладо́нь *f.*   palm of hand
лазе́йка   loop-hole
лай   bark
лаке́й   footman, lackey
ла́мпа   lamp
ла́ска   caress
ла́сковый   affectionate
лгать   to lie (лгу, лжёшь, лгут); солга́ть *pf.*
лёгкий   light, easy
лёд   ice
ле́ди *indecl. f.*   lady
ледяно́й   icy
лежа́ть (II)   to be lying down; полежа́ть *pf.* to be lying for a while; пролежа́ть *pf.* to spend a given length of time lying down
лезть *determ.*   to climb (ле́зу, -ешь, -ут); поле́зть *pf.*; ла́зить (ла́жу, ла́зишь, -ят) *indeterm.*
ле́ксика   vocabulary
ле́кция   lecture
лень *f.*   laziness; + *dat.* to be too lazy
лес   forest
лесно́й *adj.*   forest; wood
лете́ть *determ.*   to fly (лечу́, лети́шь, -ят); лета́ть (I) *indeterm.*; полете́ть *pf.*
ле́тний *adj.*   summer
лётный *adj.*   flying
ле́то   summer
лётчик   aviator
лече́ние   medical treatment
лжи́вый   false, deceitful
либера́льный   liberal (in politics)
ли́бо *cj.*   or; ли́бо... ли́бо   either . . . or

163

ликвиди́ровать to liquidate (ликвиди́рую, -ешь, -ют) *imp.*
ликёр liqueur
лило́вый violet
ли́ния line
лиси́ца fox
литера́тор writer; man of letters
литерату́рный literary
лихора́дить *impers.* + *acc.* to be feverish
лицо́ face; person
ли́чность *f.* personality, individual
лишь only
лоб forehead
лови́ть to catch (ловлю́, ло́вишь, -ят); пойма́ть (I) *pf.*
ложи́ться (II) to lie down; лечь (ля́гу, ля́жешь, ля́гут) *pf.*; *past:* лёг, легла́
ло́жка spoon
ложь *f.* lie
ло́коть *m.* elbow
лордмэ́р lord mayor
ло́шадь *f.* horse
луна́ moon
лу́нный *adj.* moonlit; lunar
луч ray
лу́чше better
лу́чший best, better
люби́тельский *adj.* amateur
люби́ть to love; to like (люблю́, лю́бишь, -ят); полюби́ть *pf.* to come to love; to come to like
любова́ться to admire (любу́юсь, -ешься, -ются); полюбова́ться *pf.*
любо́вница mistress, paramour
любо́вь *f.* love, *gen.* любви́
любо́й any (given)
лю́ди *pl.* people, *sing.* челове́к person, man
люк hatch

М

магази́н shop, store
мада́м *indecl. f.* madam
май May
мал too small
ма́ленький small, little
мали́новый crimson
ма́ло little, a few
ма́лый lad
ма́льва hollyhock
ма́льчик boy
маршру́т route; assignment
ма́сло butter; oil
ма́ссовый *adj.* mass
ма́стер master, expert
материа́л material
мать *f.* mother, *pl.* ма́тери
маши́на car; machine
маши́нка typewriter
мгла haze, dusk
медве́дь *m.* bear
ме́дленный slow
ме́жду *pr.* + *instr.* between; ме́жду тем meanwhile
мель *f.* sandbar, shoal
мелька́ть (I) to flash; мелькну́ть (-у́, -ёшь, -у́т) *pf.*; замелька́ть to begin to flash
ме́льница mill
ме́нее less
меню́ *n. indecl.* menu
меня́ться (I) to change *imp.*
ме́ра measure
мери́ло standard
ме́рный measured
мёртвый dead
мерца́ть (I) to twinkle; замерца́ть *pf.*
ме́сто place
ме́сяц month
метёлка panicle; broom

ме́ткий accurate
ме́тод method
метрдоте́ль *m.* head waiter
мечта́тельный dreamy, pensive
меша́ть (I) to hinder; помеша́ть (I) *pf.*
мешо́к sack
миг moment, instant
микро́б germ
милиционе́р policeman
миллио́н million
ми́ля mile
ми́мика mimicry
министе́рство ministry
мини́стр minister
мину́та minute
мир world; peace
мирово́й world (wide)
мисс *f. indecl.* miss
ми́ссия mission
мне́ние opinion
мно́гие many
мно́го much, many
мно́жество multitude
мо́жно one may, one can
мо́крый wet
молодёжь *f.* young people
молодо́й young
мо́лодость youth (referring to age)
молча́ние silence
молча́ть (II) to be silent; замолча́ть *pf.* to fall silent; помолча́ть *pf.* to be silent for a while
моме́нт moment
мора́льный moral
мо́ре sea
моро́з frost
морщи́на wrinkle
мост bridge
мота́ть (I) голово́й to shake one's head; замота́ть голово́й *pf.*

мочь to be able to (могу́, мо́жешь, мо́гут); *past*: мог, могла́; смочь (смогу́, смо́жешь, смо́гут) *pf.*
мо́щный powerful
мрак total darkness
мра́мор marble
мра́морный *adj.* marble
мра́чность *f.* gloom
мра́чный gloomy
му́дрый wise
муж husband
мужи́к boor
мужчи́на *m.* man, male
му́зыка music
музыка́льность musicality
мунди́р uniform
мураве́й ant
мураве́йник ant hill
мучи́тельный agonizing
мысль *f.* thought
мы́слящий intellectual
мытьё washing
мыча́ть (II) to moan; to moo; замыча́ть (II) *pf.*
мя́гкий soft
мя́со meat

Н

на *pr.* + *acc. and prep.* on, at, for, in, to
набира́ть (I) to gather, collect; набра́ть (наберу́, -ёшь, -у́т) *pf.*
наби́ть to stuff (набью́, -ёшь, -ю́т); набива́ть (I) *imp.*
наблюда́ть (I) to observe *imp.*
на́вык skill
навы́пуск (брю́ки) trousers worn over high boots, not tucked in
над *pr.* + *instr.* above, over
наде́яться (I) to hope

надзира́тельская overseer's room
на́до it is necessary, needed
надое́сть to bore; to pester (надое́м, надое́шь, надое́ст, надоеди́м, надоеди́те, надоедя́т); **надоеда́ть** (I) *imp.*
надры́вный heart rending
наду́ть (I) to puff out; to cheat; **надува́ть** (I) *imp.*
наза́д back, ago
назна́чить (II) to set, fix; **назнача́ть** (I) *imp.*
называ́ть (I) to name; **назва́ть** (назову́, -ёшь, -у́т) *pf.*
называ́ться (I) *imp. only* to be named, called
наибо́лее *adv.* most
наибо́льший largest, biggest
наилу́чший very best
наиме́ньший smallest
найти́ to find (найду́, -ёшь, -у́т); **находи́ть** (нахожу́, нахо́дишь, -ят) *imp.*
нака́зывать (I) to punish; **наказа́ть** (накажу́, нака́жешь, -ут) *pf.*
наки́нуть to slip on, throw on (наки́ну, -ешь, -ут); **наки́дывать** (I) *imp.*
накле́енный pasted, glued
накло́нность *f.* inclination
наконе́ц at last, finally
наку́риваться (I) to smoke a great deal; **накури́ться** (II) *pf.*
нали́ться кро́вью to become bloodshot (налью́сь, -ёшься, -ю́тся); **налива́ться** (I) *imp.*
нали́чие presence, availability
нанести́ to inflict; to drift; to mark on (нанесу́, -ёшь, -у́т); **наноси́ть** (наношу́, нано́сишь, -ят) *imp.*

наоборо́т on the contrary
напива́ться (I) to drink a great deal, get drunk; **напи́ться** (напью́сь, -ёшься, -ю́тся) *pf.*
напра́вить to direct, send (напра́влю, напра́вишь, -ят); **направля́ть** (I) *imp.*
направле́ние direction
направля́ть (I) to direct; **напра́вить** (напра́влю, напра́вишь, -ят) *pf.*
напра́во to the right
наприме́р for instance
напро́тив on the contrary; opposite
наро́д people, nation
наруше́ние violation
наря́дный smart, dressed up
наряжа́ться (I) to dress up; **наряди́ться** (наряжу́сь, наряди́шься, -я́тся) *pf.*
насели́ть (II) to populate; **населя́ть** (I) *imp.*
наско́лько as far as, to the extent that
насме́шка mockery, sneer
наста́ивать (I) to insist; **настоя́ть** (II) *pf.*
насто́йчивый insistent, persistent
насто́лько to such an extent
настоя́щий present (time); real
настрое́ние mood
наступа́ть (I) to set in, to attack; **наступи́ть** (наступлю́, насту́пишь, -ят) *pf.*
науда́чу at random
нау́ка science
нау́чный scientific
находи́ться to be situated (нахожу́сь, нахо́дишься, -ятся) *imp.*

национа́льный national
на́ция nation
нача́ло beginning
нача́льник chief
нача́ть to begin (начну́, -ёшь, -у́т); начина́ть (I) *imp.*
нача́ться *intrans.* to begin (начну́сь, -ётся, -у́тся); начина́ться (I) *imp.*
наши́вка stripe (strip)
не то́... не то́ *cj.* either . . . or
небе́сный celestial
не́бо sky
невероя́тный incredible
неве́ста bride
неви́димый invisible
неви́нный innocent
невозмо́жный impossible
нево́льный involuntary
негодя́й scoundrel
негр negro
неда́вно not long ago
неде́ля week
недопи́тый unfinished (drink)
недоразуме́ние misunderstanding
недостава́ть *impers.* + *dat.* to lack, be short of (недостаёт); недоста́ть (недоста́нет) *pf.*
недоста́ток shortcoming, shortage
незадо́лго not long before
незаме́тный imperceptible
незнако́мый unfamiliar
неизбе́жный inevitable
неиме́ние lack, want of
неи́стовствовать *imp. only* to rave (неи́стовствую, -ешь, -ют)
неи́стовый violent, frantic
не́когда in former times; + *dat.* no time
не́который some, not prolonged; *pl.* не́которые some people

нельзя́ it is impossible, one cannot
неме́дленно without delay, immediately
не́мец German
неме́цкий *adj.* German
немно́гие a few
немно́го a little, some
немы́слимый unthinkable
необходи́мость *f.* necessity
необходи́мый indispensable
необыча́йный extraordinary
необы́чный unusual
неоднокра́тно repeatedly
неожи́данный unexpected
нео́пытность *f.* inexperience
нео́пытный inexperienced
непобеди́мый invincible, unconquerable
неподгото́вленный unprepared
непоколеби́мый unshakeable
непоня́тный incomprehensible
непоправи́мый irreparable
непосре́дственный direct
непреры́вный uninterrupted
непреста́нный incessant
неприве́тливый unfriendly, cheerless
неприя́тный unpleasant
непрола́зный impassable
неразры́вный indissoluble
нерв nerve
не́рвный nervous
несгиба́емый inflexible
неслы́ханный unheard of
несме́тный countless
несмотря́ на in spite of
несомне́нный unquestionable
несча́стный *adj.* unhappy; *noun* wretch
несча́стье misfortune
неубеди́тельный unconvincing
неуже́ли can it be

неуста́нный tireless
ни... ни *cj.* neither ... nor
ни́же lower, below
ни́зкий low
никогда́ never
никто́ no one
никуда́ nowhere
нить *f.* thread
ничто́ nothing
ничто́жный insignificant
но *cj.* but
новизна́ novelty, newness
но́вость *f.* news
но́вый new
нога́ foot, leg
но́рма norm, standard
норови́ть to seek opportunity (норовлю́, норови́шь, -я́т) *imp.*
нос nose
носи́ть *indeterm.* to carry (ношу́, но́сишь, -ят); **нести́** *determ.* (несу́, -ёшь, -у́т); *past:* нёс, несла́; **понести́** *pf.*
ночева́ть to spend the night (ночу́ю, -ешь, -ют); **переночева́ть** *pf.*
ночно́й *adj.* night
ночь *f.* night
ноя́брь *m.* November
нра́виться to please, be pleasing (нра́влюсь, нра́вишься, -ятся); **понра́виться** *pf.*
ну *part.* well, so; **ну как** what if; **да ну** you don't say; **ну и...** what a ...; **ну его́** (её, тебя́, вас, их) to heck with him (her, thou, you, them)
нужда́ться (I) to be in need of
ну́жный needed, necessary
нутро́м inwardly
ны́не now
ны́нешний present

О

обвине́ние accusation
обду́манный deliberate
обеспече́ние guarantee, ensuring
обеспе́чивать (I) to guarantee; **обеспе́чить** (обеспе́чу, -ишь, -ат) *pf.*
обеща́ть (I) to promise; **пообеща́ть** (I) *pf.*
оби́да offence
обижа́ть (I) to offend; **оби́деть** (оби́жу, оби́дишь, -ят) *pf.*
оби́женный offended
областно́й regional
облаче́ние robing, doning
о́блачный cloudy
облокоти́ться to lean on one's elbow (облокочу́сь, облокоти́шься, -я́тся); **облока́чиваться** (I) *imp.*
обло́мок fragment
облу́пленный shelled
обма́нывать (I) to deceive; **обману́ть** (обману́, -ешь, -ут) *pf.*
обнаруже́ние detection
обо́его *gen. of* both
обойти́сь to manage without (обойду́сь, -ёшься, -у́тся); **обходи́ться** (обхожу́сь, обхо́дишься, -ятся) *imp.*
обо́рванный ragged
оборо́на defense
оборо́т expression; turnover; backside
о́браз manner, form; image
образе́ц model, sample
образова́ть to form (образу́ю, -ешь, -ют); **образо́вывать** (I) *imp.*
обра́тный reverse, return

обраща́ть (I) to turn; обрати́ть (обращу́, обрати́шь, -я́т) pf.
обсле́дование investigation, examination
обстано́вка setting, furnishings; condition
обстоя́тельство circumstance; gram. adverbial modifier
обсужда́ть (I) to discuss; обсуди́ть (обсужу́, обсу́дишь, -я́т) pf.
обха́живать (I) imp. only to coax
обще́ственный social
о́бщество society
о́бщий general
объединённый united
объявля́ть (I) to announce; объяви́ть (объявл-ю́, объя́в-ишь, -я́т) pf.
объясне́ние explanation
объясни́ть (II) to explain; объясня́ть (I) imp.
обы́чный customary
обя́занность f. duty
обяза́тельный obligatory; обяза́тельно without fail
о́вощи vegetables
о́гненный fiery
ого́нь fire, light, pl. огни́
огоро́д vegetable garden
ограниче́ние limitation
огро́мный huge
огу́лом in toto
огуре́ц cucumber
одева́ние dressing
оде́жда clothing
оде́тый dressed
одея́ние attire
оди́н, одна́, одно́, pl. одни́ one, alone, some
оди́ннадцать eleven

одино́кий lonely
одино́чка m. and f. lone person
одна́жды once
одна́ко however
оживлённый lively
ожида́ть (I) imp. only to expect, anticipate
озагла́вить to give title to (-влю, -ишь, -ят); озагла́вливать (I) imp.
означа́ть (I) imp. only to signify
озя́бший chilled
оказа́ться to find oneself; to turn out; to be found (окажу́сь, ока́жешься, -утся); ока́зываться (I) imp.
окаймля́ть (I) to frame, edge; окайми́ть (окаймлю́, окайми́шь, -я́т) pf.
океа́н ocean
о́коло pr. near, about (approximately); adv. nearby
окололу́нный lunar
оконча́тельный final, definitive
око́нчить (II) to finish, end; ока́нчивать (I) imp.
око́шко small window
окружа́ть (I) to surround; окружи́ть (II) pf.
олицетворя́ть (I) to personify; олицетвори́ть (II) pf.
опа́здывать (I) to be late; опозда́ть (I) pf.
опера́ция operation
описа́ние description
описа́ть to describe (опишу́, опи́шешь, -ут); опи́сывать (I) imp.
опра́вдывать (I) to justify, acquit; оправда́ть (I) pf.
определе́ние gram. attribute
определённый definite

определи́ть (II) to determine, define; определя́ть (I) *imp.*
определя́ться (I) to be determined by; определи́ться (II) *pf.*
опусти́ть to lower (опущу́, опу́стишь, -ят); опуска́ть (I) *imp.*
опусти́ться to descend (опущу́сь, опу́стишься, -ятся); опуска́ться (I) *imp.*
о́пыт experience, experiment
ора́тор orator; speaker
орби́та orbit
организа́ция organization
органи́зм organism
организова́ть *imp. and pf.* to organize (организу́ю, -ешь, -ют)
орёл eagle
орке́стр orchestra
оса́ wasp
освежённый refreshed
осе́нний *adj.* fall, autumn
о́сень *f.* fall, autumn
осме́литься (II) to dare; осме́ливаться (I) *imp.*
основа́ние foundation, grounds
основа́тельный thorough
основа́ть to found (осную́, оснуёшь, -ю́т); осно́вывать (I) *imp.*
основно́й basic
осо́бенность *f.* peculiarity, feature
осо́бенный special, distinctive
осо́бый special, particular
остава́ться to remain (остаю́сь, -ёшься, -ю́тся); *impers.* + *dat.* all one can do is ...; оста́ться (оста́нусь, оста́нешься, -утся) *pf.*
остально́й *adj.* the rest of
останови́ться to stop (остановлю́сь, остано́вишься, -ятся); остана́вливаться (I) *imp.*
остано́вка stop

о́стров island
о́стрый sharp
осужда́ть (I) to condemn; to censure; осуди́ть (осужу́, осу́дишь, -ят) *pf.*
осуществля́ть (I) to carry out; to implement; осуществи́ть (осуществлю́, осуществи́шь, -я́т) *pf.*
от *cj.* + *gen.* from
отверну́ться (I) to turn away; отвора́чиваться (I) *imp.*
отве́тственный responsible
отвеча́ть (I) to answer; отве́тить (отве́ч-у, -тишь, -тят) *pf.*
отгла́дить to iron (отгла́жу, отгла́дишь, -ят); отгла́живать (I) *imp.*
отде́ланный finished, trimmed
отдели́ться (II) to separate, become separated; отделя́ться (I) *imp.*
отде́льный separate
отдохну́ть (I) to rest; отдыха́ть (I) *imp.*
о́тдых rest
отдыха́ть (I) to rest; отдохну́ть (-у́, -ёшь, -у́т) *pf.*
оте́ль *m.* hotel
оте́ц father
оте́чество fatherland
отка́зывать (I) to refuse; отказа́ть (откажу́, отка́жешь, -ут) *pf.*
отка́зываться (I) to refuse, repudiate; отказа́ться (откажу́сь, отка́жешься, -жутся) *pf.*
откры́ть to open (откро́ю, -ешь, -ют); открыва́ть (I) *imp.*
откры́ться to come to light; to become visible (откро́юсь, -ешься, -ются); открыва́ться (I) *imp.*
отли́вка casting, molding

отличáться (I) to differ, to distinguish oneself; **отличи́ться** (II) *pf.*
отли́чие difference, distinction
отли́чный excellent, different
отложи́ть (II) to postpone, to lay aside; **откла́дывать** (I) *imp.*
отмира́ть (I) to atrophy; **отмере́ть** *pf.*
относи́тельный relative
относи́ться to treat, regard (**отношу́сь, относи́шься, -ятся**); **отнести́сь** (**отнесу́сь, отнесёшься, -у́тся**) *pf.*
отношéние relationship
отню́дь не by no means
отойти́ to move away, step aside (**отойду́, -ёшь, -у́т**); *past*: **отошёл, отошла́**; **отходи́ть** (**отхожу́, отхо́дишь, -ят**) *imp.*
ото́рванный torn off
отпеча́ток imprint
отпра́вка dispatch
отсиде́ться to sit out (**отсижу́сь, отсиди́шься, -я́тся**); **отси́живаться** (I) *imp.*
отста́вка retirement
отступи́ться to give up, renounce (**отступлю́сь, отсту́пишься, -ятся**); **отступа́ться** (I) *imp.*
отсу́тствие absence
отсу́тствовать *imp. only* to be absent (**отсу́тствую, -ешь, -ют**)
отсю́да from here
оттого́ for the reason (that)
оттолкну́ть (I) to push away; **отта́лкивать** (I) *imp.*
оття́жка delay
отцепи́ть to unhook (**отцеплю́, отце́пишь, -ят**); **отцепля́ть** (I) *imp.*
отчётливый distinct

отъéзд departure
оты́скивать (I) to look for; **отыска́ть** (**отыщу́, оты́щешь, -ут**) *pf.* to find
охва́тывать (I) to envelop; **охвати́ть** (**охвачу́, охва́тишь, -ят**) *pf.*
охо́тник hunter; **охо́тник до** lover of
охо́тно readily, willingly
о́чень very
о́чередь *f.* queue, turn
очки́ glasses, spectacles
ошиби́ться to make a mistake (**ошибу́сь, ошибёшься, -у́тся**); **ошиба́ться** (I) *imp.*
оши́бка mistake
ощути́ть to sense, feel (**ощущу́, ощути́шь, -я́т**); **ощуща́ть** (I) *imp.*

П

па́дать (I) to fall; **упа́сть** (**упаду́, -ёшь, -у́т**) *pf.*
падéж case (grammar)
па́лец finger
палиса́дник front garden
па́луба deck (of ship)
па́мять *f.* memory; **без па́мяти** unconscious
парашю́т parachute
па́рень *m.* lad
парикма́херская barber shop
парово́й *adj.* steam
парохо́д steamship
па́ртия party
пассажи́р passenger
пассажи́рский *adj.* passenger
патети́ческий pathetic = filled with feeling

ПАХАТЬ

паха́ть to plough (пашу́, па́шешь, -ут) *imp.*
па́хнуть to smell (па́хнет, па́хнут); *past*: па́хло
пацие́нт patient
певи́ца *f.*, певе́ц *m.* singer
пе́нистый foamy
первонача́льный initial
пе́рвый first
переби́ть to interrupt; to break; to kill a large number (перебью́, -ёшь, -ю́т); перебива́ть (I) *imp.* to interrupt
переболе́ть (I) *pf. only* to pass through an illness
переводи́ть to translate (перевожу́, перево́дишь, -ят); перевести́ (переведу́, -ёшь, -у́т) *pf.*; *past*: перевёл, перевела́
пе́ред *pr.* (+ *instr.*) before, in front of
передава́ть to transmit (переда́ю, -ёшь, -ю́т); переда́ть *pf.*
передвиже́ние movement, traffic
пере́дний *adj.* front
перейти́ to cross; to turn into (перейду́, -ёшь, -у́т); переходи́ть (перехожу́, перехо́дишь, -ят) *imp.*
перекри́кивать (I) to outshout; перекрича́ть (II) *pf.*
перелива́ть (I) to pour from . . . into; перели́ть (перелью́, -ёшь, -ю́т) *pf.*
перело́м turning point
переме́на change
перено́сица bridge of the nose
переоце́нивать (I) to overestimate; переоцени́ть (переоценю́, переоце́нишь, -ят) *pf.*
перепи́ска correspondence
перепо́лненный crowded

перерасти́ to develop into; to outgrow (перерасту́, -ёшь, -у́т); перераста́ть (I) *imp.*
перероди́ться to regenerate; перерожда́ться (I) *imp.*
пересе́сть to change seats, means of transportation (переся́ду, -ешь, -ут); переса́живаться (I) *imp.*
пересе́чь to cross; to cut off, cut through (пересеку́, пересечёшь, пересеку́т); пересека́ть (I) *imp.*
перестава́ть to cease, stop (перестаю́, -ёшь, -ю́т); переста́ть (переста́ну, -ешь, -ут) *pf.*
переходи́ть to cross — on foot (перехожу́, перехо́дишь, -ят); перейти́ (перейду́, -ёшь, -у́т) *pf.*; *past*: перешёл, перешла́
перечисля́ть (I) to enumerate; перечи́слить (II) *pf.*
перечи́тывать (I) to reread; перечита́ть (I) *pf.*
пери́од period
периоди́чность *f.* periodicity
персона́льный personal, private
перспекти́ва perspective
песо́к sand
петь to sing (пою́, -ёшь, -ю́т); запе́ть *pf.* to start singing; спеть *pf.* to sing through
пече́нье cookie
печь *f.* stove
пиджа́к coat (of suit)
пижа́ма pyjamas
пи́кнуть (II) *pf. only* to breathe a word
пионе́р pioneer
писа́тель *m.* writer
писа́ть to write (пишу́, пи́шешь, -ут); написа́ть *pf.*

172

пи́сáться   to be spelled; *impers.*
   + *dat.*   to feel like writing
   (пи́шется); *past:* писáлось
письмó   letter
питáтельный   nourishing
питáть (I)   to nourish
пить   to drink (пью, -ёшь, -ют);
   вы́пить *pf.*
пи́ща   food
плáкать   to weep, cry (плáчу, -ешь,
   -ут); заплáкать *pf.*
плáкса *m. and f.*   cry baby
платóк   kerchief
плач   weeping
плед   plaid, blanket
плен   captivity
плетёный   woven
плетéнь *m.*   fence
плеть *f.*   lash
плечó   shoulder, *pl.* плéчи
плод   fruit
плóтный   dense; solid
плохóй   bad (in quality); плох,
   плохá   seriously ill
плóщадь *f.*   square; area
плыть *determ.*   to sail; to swim; to
   float (плыву́, -ёшь, -у́т);
   поплы́ть *pf.*; плáвать (I) *indeterm.*
плю́шевый   made of plush
по *pr.* + *dat.*   along; due to;
   out of; at, in
по-другóму   differently
побéг   flight, escape
побережье   sea coast
поблёскивать (I) *pf. only*   to gleam
побóрник   advocate, champion
поварскáя   cook's room
повéрхность *f.*   surface
повеселéвший   cheered up
повéстка   agenda
пóвесть *f.*   story, narrative
повещáть (I)   to announce,
   communicate; повести́ть
   (повещу́, повести́шь, -я́т) *pf.*
по-ви́димому   apparently
пóвод   cause, ground
поворóт   turn
поврежде́ние   damage
повторя́ть (I)   to repeat; повтори́ть
   (II) (-ю́, повтóришь, -я́т) *pf.*
повторя́ться (I)   to be repeated; to
   recur; повтори́ться (II) *pf.*
погóда   weather
под *pr.* + *acc., instr.*   under
подвáл   cellar
подготóвка   preparation
поддéрживать (I)   to support;
   поддержáть (поддержу́,
   поддéржишь, -ат) *pf.*
подкрепля́ться (I)   to fortify
   oneself; подкрепи́ться
   (подкреплю́сь, подкрепи́шься,
   -я́тся) *pf.*
подлежáщее *gram.*   subject
подми́гивать (I)   to wink;
   подмигну́ть (подмигну́, -ёшь, -у́т)
   pf.
поднóс   tray
подня́ть   to lift, raise (подниму́,
   подни́мешь, -ут); поднимáть (I)
   imp.
подóбный   similar, such
подозре́ние   suspicion; брать,
   взять на подозре́ние   to place
   under suspicion
подойти́   to approach, come near
   (подойду́, -ёшь, -у́т); *past:*
   подошёл, подошлá; подходи́ть
   (подхожу́, подхóдишь, -ят) *imp.*
пóдпись *f.*   signature
подсказáть   to prompt (подскажу́,
   подскáжешь, -ут); подскáзывать
   (I) *imp.*
подслеповáтый   weak sighted

173

подтолкну́ть to push, urge on
(подтолкну́, -ёшь, -у́т);
подта́лкивать (I) imp.
поду́шка pillow
по́езд train
пое́здка trip
пожелте́ть (I) to turn yellow;
желте́ть (I) imp.
по́за pose
позабы́ться to become forgotten
pf.
позволя́ть (I) to permit;
позво́лить (II) pf.
по́здний late, tardy
позо́рный disgraceful
по́иски pl. search, efforts
пои́ть to give to drink (-ю́, по́ишь,
-ят); напои́ть pf.
пока́ while; пока́ не until
показа́ние testimony
показа́ть to show (покажу́,
пока́жешь, -ут); пока́зывать (I)
imp.
пока́зываться (I) to appear,
become visible; показа́ться
(покажу́сь, пока́жешься, -утся)
pf.
поко́й (archaic) quarters, chambers
поко́й rest, peace
поколе́ние generation
покоси́вшийся rickety
покры́тый covered
покупа́тель m. buyer, customer
поку́пка purchase
пол sex; floor; half
полага́ться (I) to rely on;
положи́ться (II) pf.; impers. to be
supposed to; to have the right to
по́ле field
полёт flight
полива́ть (I) to water; поли́ть
(полью́, -ёшь, -ю́т) pf.

полити́ческий political
по́лка shelf
по́лностью completely, fully
по́лный full, complete
полови́на half
положе́ние situation, position
полоса́ strip, stripe
полсо́тня fifty (half hundred)
полтора́ one and a half
получа́ться (I) to turn out;
полу́чится (II) pf.
получи́ть to receive (-у́, полу́чишь,
-ат); получа́ть (I) imp.
по́лымя n. flame (archaic)
по́льзоваться to make use of
(по́льзуюся, -ешься, -ются);
воспо́льзоваться pf.
пома́лкивать (I) to hold one's
tongue imp. only
поме́ха obstacle, hindrance
помеще́ние accommodations,
premises
поми́н (archaic) remembrance;
в поми́не нет there is no trace of
помину́тно adv. every minute
помога́ть (I) to help; помо́чь
(помогу́, помо́жешь, помо́гут) pf.
помо́щник assistant, helper
по́мощь f. help
понево́ле willy-nilly
понемно́гу gradually, little by
little
по́ни indecl. m. and f. pony
понима́ть (I) to understand;
поня́ть (пойму́, -ёшь, -у́т) pf.
поня́тие concept
поня́ть to understand (пойму́,
-ёшь, -у́т); понима́ть (I) imp.
попада́ться (I) to be caught;
to come across;
попа́сться (попаду́сь, -ёшься,
-у́тся) pf.

попа́сть   to find oneself; to hit (попаду́, -ёшь, -у́т);   попада́ть (I) *imp.*
попере́к   across the way
попира́ть (I)   to trample, violate;   попра́ть *pf.*
попра́вить   to correct (-лю, -ишь, -ят);   поправля́ть (I) *imp.*
по-пре́жнему   as before
пора́   time; deadline;   до тех пор   until, as long as;   поро́й   at times
поража́ть (I)   to astound; to strike;   порази́ть (поражу́, порази́шь, -я́т) *pf.*
по́ристый   porous
поро́г   threshold
поро́да   rock, species
поро́жний   empty
по́ртить   to spoil (по́рчу, по́ртишь, -ят);   испо́ртить *pf.*
портно́й   tailor
поря́док   order, sequence
поря́дочный   decent
посади́ть   to seat (посажу́, поса́дишь, -ят);   сажа́ть (I) *imp.*
посвяща́ться (I)   to be dedicated, assigned to;   посвяти́ться (посвящу́сь, посвяти́шься, -я́тся) *pf.*
посети́ть   to visit (посещу́, посети́шь, -я́т);   посеща́ть (I) *imp.*
посеще́ние   visit, attendance
поско́льку   so far as, as far as
посла́ть   to send (пошлю́, -ёшь, -ю́т);   посыла́ть (I) *imp.*
по́сле *pr.* + *gen.*   after
после́дний   last, latest
после́довать (-ую, -ешь, -ют)   to follow;   сле́довать *imp.*
поссо́риться (II)   to quarrel;   ссо́риться (II) *imp.*

пости́гнуть   to befall; to comprehend (-у, -ешь, -ут); *past*: пости́г, пости́гла;   постига́ть (I) *imp.*
посторо́нний *adj.*   outside
постоя́нный   constant, permanent
постро́ить (II)   to build;   стро́ить (II) *imp.*
поступа́ть (I)   to act; to enroll;   поступи́ть (поступлю́, посту́пишь, -ят) *pf.*
посу́да   china
пот   perspiration
поте́ря   loss
по́тный   sweaty
пото́м   then, subsequently
потре́бность *f.*   need
потрясённый   shaken
потускне́ть (I)   to tarnish, grow dull;   тускне́ть *imp.*
похо́жий   resembling
почти́   almost
почти́тельный   deferential
появи́тся   to appear, show oneself (появлю́сь, пои́вишься, -ятся);   появля́ться (I) *imp.*
появле́ние   appearance
пра́вда   truth
правди́вый   truthful
пра́вильный   correct
пра́во   right, truly
пра́вый   right (*ant. to* left);   прав, права́, пра́вы   right, correct
пра́здничный   festive
практи́ческий   practical
превосходя́щий   superior
преда́ть   to hand over; to betray (преда́м, преда́шь, преда́ст, предади́м, предади́те, предаду́т);   предава́ть (преда́ю, -ёшь, -ю́т) *imp.*

предви́деть *imp. only* to foresee, anticipate (**предви́жу, предви́дишь, -ят**)
преде́л limit
преде́льный utmost
предложе́ние offer; *gram.* sentence; **однососта́вное предложе́ние** one-part sentence
предложи́ть (II) to offer, propose; **предлага́ть** (I) *imp.*
предполага́ть (I) to intend; to suppose; **пдредположи́ть** (II) *pf.*
предпочита́ть (I) to prefer; **предпоче́сть** (**предпочту́, -ёшь, -у́т**) *pf.*; *past*: **предпочёл, предпочла́**
предприя́тие enterprise, undertaking
представля́ть (I) to present; to represent; **предста́вить** (**предста́влю, предста́вишь, -ят**) *pf.*
предстоя́ть *imp. only* to be in prospect; to be faced with (**предстои́т, -я́т**)
предыду́щий previous, foregoing
пре́жде всего́ first of all
пре́жний former
презре́нный contemptible
прекра́сный excellent, beautiful
прекраща́ть (I) to cease, put an end to; **прекрати́ть** (**прекращу́, прекрати́шь, -я́т**) *pf.*
пре́лесть *f.* charm
преми́лый extremely nice
пренебрежи́тельный scornful
преоблада́ть, -ют *imp. only* to predominate
преобрази́ть to transform (**преображу́, преобрази́шь**); **преобража́ть** (I) *imp.*

преступле́ние crime
престу́пный felonious, criminal
при *cj.* in the presence of; in the time of; attached to; in one's keeping; for all ...
прибежа́ть to come running (**прибегу́, прибежи́шь, прибегу́т**); **прибега́ть** (I) *imp.*
приближа́ться (I) to approach, come near; **прибли́зиться** (**прибли́жусь, прибли́зишься, -ятся**) *pf.*
прибо́р instrument, device
прибы́ть to arrive (**прибу́ду, -ешь, -ут**); **прибыва́ть** *imp.*
привезти́ to bring (**привезу́, -ёшь, -ут**); **привози́ть** *imp.* (**привожу́, приво́зишь, -ят**); *past*: **привёз, привезла́**
привести́ to bring (on foot) (**приведу́, -ёшь, -у́т**); *past*: **привёл, привела́**; **приводи́ть** (**привожу́, приво́дишь, -ят**) *imp.*
привыка́ть (I) to become accustomed; **привы́кнуть** *pf.* (**привы́кну, -ешь, -ут**); *past*: **привы́к, привы́кла**
привы́чка habit
привы́чный customary
приготовле́ние preparation
прида́ть to add, impart (**прида́м, прида́шь, прида́ст, придаду́т**); **придава́ть** (**прида́ю, -ёшь, -ю́т**) *imp.*
приезжа́ть (I) to arrive; **прие́хать** (**прие́ду, -ешь, -ут**) *pf.*
приёмная reception room
приземле́ние landing
признава́ть to acknowledge; to admit (**признаю́, -ёшь, -ю́т**); **призна́ть** (**призна́ю, -ешь, -ют**) *pf.*

признава́ться в (+*prep.*) to confess (призна-ю́сь, -ёшься, -ю́тся); призна́ться (I) *pf.*
при́знак sign, indication
призы́в summon, appeal
призыва́ть (I) to summon, urge; призва́ть (призову́, -ёшь, -у́т) *pf.*
прийти́сь + *dat.* to fit; (пришёлся, пришла́сь); приходи́ться *impers.* to have to, to be forced (прихо́дится, прихо́дятся) *imp.*
прика́з order, command
приказа́ть to order, command (прикажу́, прика́жешь, -ут); прика́зывать (I) *imp.*
прилага́ть (I) to apply; приложи́ть (II) *pf.*
прилуне́ние landing on the moon
прилуни́ться (II) to land on the moon
применя́ть (I) to apply, use; примени́ть (II) *pf.*
применя́ться (I) to be applied, employed; примени́ться (II) *pf.*
приме́шиваться (I) to be admixed; примеша́ться (I) *pf.*
принести́ to bring (carrying) (принесу́, -ёшь, -у́т); приноси́ть (приношу́, прино́сишь, -ят) *imp.*
принима́ть (I) to accept, to receive; приня́ть (приму́, при́мешь, -ут) *pf.*
при́нцип principle
приня́тие reception, admission
приня́ть to accept; to receive (приму́, при́мешь, -ут); принима́ть (I) *imp.*
приня́ться to start, turn to (приму́сь, при́мешься, -утся); принима́ться (I) *imp.*
приобрета́ть (I) to acquire; приобрести́ *pf.*; *past*: приобрёл, -ела́

припи́сывать (I) to ascribe, attribute; приписа́ть (-шу́, припи́шешь, -ут) *pf.*
припу́хший slightly swollen
приро́да nature
прискучи́ть (II) *pf. only* to weary, bore
присла́ть to send (пришлю́, -ёшь, -ю́т); присыла́ть (I) *imp.*
прислу́шаться (I) to lend an ear; to listen intently; прислу́шиваться (I) *imp.*
присоедини́ться (II) to join; присоединя́ться (I) *imp.*
приспособле́ние device, gear
при́стань *f.* dock
приступи́ть to accost; to start (приступлю́, присту́пишь, -ят); приступа́ть (I) *imp.*
прити́хнуть to quiet down (прити́хну, -ешь, -ут); притиха́ть (I) *imp.*
прито́м *cj.* besides
притяже́ние gravity
прихва́тывать (I) to take, borrow; прихвати́ть (прихвачу́, прихва́тишь, -ят) *pf.*
приходи́ть to come, arrive (прихожу́, прихо́дишь, -ят); прийти́ (приду́, -ёшь, -у́т) *pf.*; *past*: пришёл, пришла́
приходи́ться *impers.* to be forced to; прийти́сь *pf. pers.* to fit; *past*: пришло́сь
причиня́ть (I) to cause; причини́ть (II) *pf.*
прия́тель *m.* friend
прия́тный pleasant
пробле́ма problem
пробра́ться to get through (проберу́сь, проберёшься, -у́тся); пробира́ться (I) *imp.*

177

пробы́ть *pf. only* to stay, remain (пробу́ду, -ешь, -ут)
прове́рка checking
проверя́ть (I) to check; прове́рить (II) *pf.*
провиса́ющий sagging
проводи́ть to spend (time); to take (lead) (провожу́, прово́дишь, -ят); провести́ (проведу́, -ёшь, -у́т) *pf.*; *past*: провёл, провела́
про́волочный *adj.* wire
прогреме́ть to thunder, resound (прогремлю́, прогреми́шь, -я́т); греме́ть *imp.*
прогу́лка stroll
продолжа́ть (I) to continue; продо́лжить (II) *pf.*
прое́кт project
прозра́чный transparent, limpid
произведе́ние work, production
произвести́ to produce; to carry out (произведу́, -ёшь, -у́т); *past*: произвёл, произвела́; производи́ть (произвожу́, произво́дишь, -ят) *imp.*
произво́л arbitrariness
произноси́ться (произно́сится, -ятся) to be pronounced
происходи́ть to happen; to spring from (-жу́, -хо́дишь, -ят); произойти́ (произойду́, -ёшь, -у́т) *pf.*; *past*: произошёл, произошла́
проли́ть to spill (пролью́, -ёшь, -ю́т); пролива́ть (I) *imp.*
прони́кнуть to penetrate (прони́кну, -ешь, -ут); проника́ть (I) *imp.*
проны́ра *m. and f.* pusher, sly person
прописа́ть to prescribe (пропишу́, -ешь, -ут); пропи́сывать (I) *imp.*
проры́в breakthrough

просвети́тельный enlightening, educational
просечённый furrowed, split
просиде́ть *pf.* to spend, be (просижу́, просиди́шь, -я́т)
проси́ть to ask, request (прошу́, про́сишь, -я́т); попроси́ть *pf.*
проси́ться to apply for admission (прошу́сь, про́сишься, -ятся); попроси́ться *pf.*
просмо́тр viewing, survey
просто́й simple; прост, проста́ simple minded
просторе́чие popular speech
простота́ simplicity
просыпа́ться (I) to wake up; проснуться (-у́сь, -ёшься, -у́тся) *pf.*
про́сьба request
проте́чь to flow; to elapse (протечёт, протеку́т); протека́ть (I) *imp.*
про́тив against, opposite
проти́вник foe, enemy
противополо́жность *f.* contrast
противоре́чие contradiction
протя́гиваться (I) to reach out; to stretch; протяну́ться (I) *pf.*
проходи́ть to pass; to go through (прохожу́, прохо́дишь, -ят); пройти́ (пройду́, -ёшь, -у́т) *pf.*; *past*: прошёл, прошла́
процвета́ть (I) to flourish
проце́сс process
про́шлый past, bygone; про́шлое the past
проща́ть (I) to forgive; прости́ть (прощу́, прости́шь, -я́т) *pf.*
пруд pond
прут rod, twig, *pl.* пру́тья
прыжо́к jump
прядь *f.* strand

прямо́й straight
псевдони́м pseudonym
пти́ца bird
пункт point
пусти́ть to set in motion, let go (пущу́, пу́стишь, -ят); пуска́ть (I) *imp.*
пусты́нный deserted
пусты́ня desert
пусть *cj.* even if; *particle* let him, her, them
путеше́ственник traveller
путеше́ствие voyage
путь *m.* road, way
пыль *f.* dust
пыта́ться (I) to attempt, try; попыта́ться (I) *pf.*
пья́ница *m. and f.* drunkard
пья́ный drunk
пя́теро *coll.* five
пя́тый fifth
пятьдеся́т fifty
пятьсо́т five hundred

Р

рабо́та work
рабо́тать (I) to work; порабо́тать (I) *pf.*
рабо́тник worker
рабо́чий *adj.* labour; *noun* working man
равня́ться (I) to be equal
рагу́ *indecl. n.* stew, ragout
радиосообще́ние radio announcement
ради́ст radio operator
ра́достный joyful
ра́дость *f.* joy
раз once, one time; since

разбира́ть (I) to make out; to sort out; разобра́ть (разберу́, -ёшь, -у́т) *pf.*
разби́ть to divide; to break (разобью́, -ёшь, -ю́т); разбива́ть (I) *imp.*
разболе́ться *pf. only* to become ill (разболе́юсь, разболе́ешься, разболе́ются)
ра́зве really?
разве́дать (I) to reconnoitre; разве́дывать (I) *imp.*
разве́дчик reconnoiterer
развенча́ть (I) to dethrone, debunk; разве́нчивать (I) *imp.*
разверну́ть to unfold (разверну́, -ёшь, -у́т); развёртывать (I) *imp.*
разви́тие development
развлече́ние entertainment
разгада́ть (I) to decipher, guess; разга́дывать (I) *imp.*
разгово́р conversation
разгоня́ть (I) to drive away, disperse; разогна́ть (разгоню́, разго́нишь, -ят) *pf.*
раздава́ться to resound; to make way; to be distributed (-ётся, -ю́тся); разда́ться *pf.*
раздража́ть (I) to irritate; раздражи́ть (II) *pf.*
раздраже́ние irritation
разли́чный different, diverse
разме́р size, dimensions
разме́ренный measured
размета́ть to scatter (размечу́, разме́чешь, -ут); размётывать (I) *imp.*
разнообра́зный diverse, elaborate
ра́зный various, different
разоблаче́ние exposure, disclosure
разогрева́тель *m.* one who warms up

разорва́ть to tear, break (разорву́, -ёшь, -у́т); разрыва́ть (I) *imp.*
разо́стланный spread out
разреши́ть (II) to solve; to permit; разреша́ть (I) *imp.*
разуме́ется it goes without saying; of course
разу́мность *f.* reasonableness
разу́мный rational
разъясне́ние elucidation
райо́н area
рак cray fish; cancer
ра́ма frame
ра́на wound
ра́но *adv.* early
распада́ться (I) to separate; to disintegrate; распа́сться (распаду́сь, -ёшься, -у́тся) *pf.*
располага́ть (I) to induce; to win over; to arrange, set; to dispose; расположи́ть (II) *pf.*
располо́женный situated
расска́з story, narrative
расска́зывать (I) to tell, narrate; рассказа́ть (расскажу́, -ешь, -ут) *pf.*
рассма́тривать (I) to examine, regard; рассмотре́ть (II) *pf.*
расспроси́ть to question, make inquiries (расспрошу́, расспро́сишь, -ят); расспра́шивать (I) *imp.*
расстре́ливать (I) to shoot (execute); расстреля́ть (I) *pf.*
рассы́пчатый granular
раство́ренный open
расти́ to grow (расту́, -ёшь, -у́т); *past:* рос, росла́; вы́расти *pf.*
расчёт calculation, consideration
расши́ренный broadened
ребёнок child, *pl.* де́ти

регистри́роваться to register (oneself) (регистри́руюсь, -ешься, -ются); зарегистри́роваться *pf.*
ре́дкий rare
ре́дкость rarity
ре́зкий sharp, shrill
резолю́ция resolution
результа́т result
река́ river
репре́ссия repression
рестора́н restaurant
речу́шка small river
речь *f.* speech, language
реша́ть (I) to decide, solve; реши́ть (II) *pf.*
реша́ться (I) to make up one's mind; реши́ться (II) *pf.*
реше́ние solution
реши́тельный decisive, firm
рискну́ть to risk (рискну́, -ёшь, -у́т); рискова́ть (риску́ю, -ешь, -ют) *imp.*
ро́вный even
рог horn
род *gram.* gender; kin
роди́ть to give birth to (рожу́, роди́шь, -я́т); рожда́ть (I) *imp.*
рожда́емость birth rate
рожда́ться (I) to be born; роди́ться *pf.*
ро́за rose
ро́зга birch rod
роль *f.* role
рома́н novel, romance
рост growth, height
руба́ха shirt
руба́шка shirt
ружьё rifle
рука́ hand
руково́дство leadership
рукомо́йник washstand
русоголо́вый light-haired

ру́сский   Russian
рыда́ние   sob
ры́жий   red haired
ряд   row, series
ря́дом   near by, side by side

С

с *pr.* + *instr.*   with; + *gen.* from, since; + *acc.* the size, length of
сади́ться   to sit down (сажу́сь, сади́шься, -я́тся);   сесть (ся́ду, -ешь, -ут) *pf.*
салфе́тка   napkin
сам   self
самолёт   airplane
самообразова́ние   self education
самостоя́тельный   independent
самоу́чка *m. and f.*   self-educated person
самочу́вствие (хоро́шее)   feeling of well being
са́мый   the very, the most
сара́й   shed
сберега́ть (I)   to save, put aside; сбере́чь *pf.   see* бере́чь
сби́ться   to crowd together; to get confused (собью́сь, -ёшься, -ю́тся); сбива́ться (I) *imp.*
сва́дьба   wedding
сват   match maker
све́жесть *f.*   freshness
све́жий   fresh
свет   light; world
света́ть *impers.*   to dawn
све́тлый   light, bright
свиде́тельство   evidence
свобо́да   freedom
свобо́дный   free

свой   one's own, a certain
связа́ть   to tie, bind (свяжу́, свя́жешь, -ут);   свя́зывать (I) *imp.*
связь *f.*   connection, affair
святы́ня   holy thing
сдать   to hand in (сдам, сдашь, сдаст, сдади́м, сдади́те, сдаду́т); сдава́ть (сдаю́, -ёшь, -ю́т) *imp.*
сде́ржанный   restrained
сде́рживаться (I)   to control oneself; сдержа́ться (II) *pf.*
себя́   oneself (myself, himself, etc.); не по себе́ (+*dat.*) ill at ease
се́верный   Northern
сего́дня   today
седина́   grey hair; дожи́ть до седи́н   to reach old age
секрета́рша   secretary
секрета́рь *m.*   secretary
секу́нда   second
селе́ние   village, settlement
семна́дцать   seventeen
семья́   family
семьяни́ч   family man
се́но   hay
сентя́брь *m.*   September
серди́тый   angry
серди́ться   to be angry (сержу́сь, се́рдишься, -ятся);   рассерди́ться *pf.*   to become angry
се́рдце   heart
серебро́   silver
сере́бряный *adj.*   silver
середи́на   middle, midst
се́рый   grey
серьёзный   serious
сестра́   sister
сжать   to compress (сожму́, -ёшь, -у́т);   сжима́ть (I) *imp.*
сига́ра   cigar
сигна́л   signal

181

сиде́ть to sit (сижу́, сиди́шь, -я́т); посиде́ть *pf.*; просиде́ть to spend, be for a stated time *pf.*
сиде́ться *impers.* + *dat.* to be able to sit (сиди́тся); *past*: сиде́лось
си́ла strength, force
си́льный strong; си́льно strongly, greatly
си́ний blue
сире́на siren
siро́кко sirocco
сирота́ *m. and f.* orphan
систе́ма system
ска́жем let us say
сказа́ть to tell (скажу́, ска́жешь, -ут); говори́ть (II) *imp.*
ска́зка fairytale
сказу́емое *gram.* predicate
скачо́к leap
скве́рный nasty
скла́дка fold
скла́дываться (I) to be formed; to consist of; сложи́ться (сложу́сь, сло́жишься, -атся) *pf.*
скло́нный inclined
ско́лько how much, how many
ско́тный *adj.* cattle
скрыва́ться (I) to hide; скры́ться (скро́юсь, -ешься, -ются) *pf.*
ску́дный scanty
скупо́й stingy, sparse
скуча́ющий bored
ску́чный boring
сла́ва fame
сла́дкий sweet
сла́дость *f.* sweetness
слегка́ slightly
след footprint, track
следи́ть to watch (слежу́, следи́шь, -я́т); проследи́ть *pf.*

сле́довать to follow (сле́дую, -ешь, -ют); после́довать *pf.*; *impers.* сле́дует one ought to; *past*: сле́довало
сле́дующий following, next
слеза́ tear, *pl.* слёзы
сли́шком too (excessively)
сло́вно *conj.* as if
сло́во word
сло́вом in a word
словосочета́ние *gram.* word-group
слуга́ servant
слу́жащий employee
служи́ть (II) to serve, work as; послужи́ть *pf.*
слух hearing, rumor
слу́чай occurrence, case, chance; incident
случа́ться (I) to happen, occur; *impers.* + *dat.* to happen to; случи́ться (II) *pf.*
слу́шание hearing, attending
слу́шать (I) to listen; послу́шать (I) *pf.*
слыха́ть *only in past or infinitive* to hear
слы́шать (II) to hear; услы́шать (II) *pf.*
слы́шный audible
сме́лость boldness
сме́лый bold
смерка́ться (I) *impers. imp. only* to grow dark (of dusk)
смерть *f.* death
смея́ться (I) to laugh; засмея́ться *pf.*
смо́кинг dinner jacket
смо́рщенный wrinkled
смотре́ть (II) to look; посмотре́ть *pf.*
смотри́тель supervisor
смочённый soaked

смути́ть to embarrass, disturb (смущу́, смути́шь, -я́т); смуща́ть (I) imp.
смущённый embarrassed
смысл meaning
снабжа́ть (I) to supply with, equip; снабди́ть (снабжу́, снабди́шь, -я́т) pf.
снаря́д shell
снача́ла at first
снег snow
снима́ть (I) to take off, remove; снять (сниму́, сни́м-ешь, -ут) pf.; снима́ться, сня́ться to be taken off; to get under way; to have one's photograph taken
соба́ка dog
собра́ние meeting, gathering
собра́ть to gather, collect (соберу́, -ёшь, -у́т); собира́ть (I) imp.
собра́ться to intend; to assemble (соберу́сь, -ёшься, -у́тся); собира́ться (I) imp.
со́бственный one's own
собы́тие event
соверша́ть (I) to perform, to commit; соверши́ть (II) pf.
соверше́ние completion, fulfillment
соверше́нство perfection
со́веститься to be ashamed (со́вещусь, со́вестишься, -ятся); посо́веститься pf.
со́весть f. conscience
сове́т advice
сове́тский Soviet
совоку́пность f. sum total
совреме́нный contemporary
совсе́м completely, quite
согласи́ться to agree (соглашу́сь, согласи́шься, -я́тся); соглаша́ться (I) imp.
согла́сно according to, in accord

согла́сный concordant, harmonious; согла́сен, согла́сна с, на agree with, to
согласова́ние gram. agreement
согрева́ть (I) to warm; согре́ть (I) pf.
соединённый united, joint
соединя́ть (II) to combine, unite; соедини́ть (I) pf.
созда́ть to create (созда́м, созда́шь, созда́ст, создаду́т); создава́ть (созда́ю, -ёшь, -ю́т) imp.
созна́ние consciousness
созна́ться to confess (созна́юсь, -ешься, -ются); сознава́ться (сознаю́сь, -ёшься, -ю́тся) imp.
солда́т soldier
со́лнце sun
сомне́ние doubt
сон sleep, dream
со́нный sleepy
со́ня m. and f. sleepy head
сообще́ние communication, announcement
сопоставля́ть (I) to compare, confront; сопоста́вить (сопоста́влю, сопоста́вишь, -ят) pf.
сопротивля́ться (I) to oppose, resist imp.
сориенти́роваться to orientate oneself (сориенти́руюсь, -ешься, -ются); ориенти́роваться imp.
со́рок forty
сосе́д neighbor, pl. сосе́ди
сосла́ть to exile (сошлю́, сошлёшь, -ю́т); ссыла́ть (I) imp.
сосредото́чить to concentrate (сосредото́чу, -ишь, -ат); сосредото́чивать (I) imp.
составля́ть (I) to constitute, be; to compose, form; соста́вить (соста́влю, соста́вишь, -ят) pf.

соста́рится (II) to grow old; ста́риться *imp.*
состоя́ть (II) *imp. only* to consist in, be
состоя́ться (II) *pf. only* to take place
сохраня́ть (I) to retain, keep; сохрани́ть (II) *pf.*
социа́льный social
сочу́вствие compassion
сою́з union
спаса́ть (I) to save; спасти́ (спасу́, спасёшь, -у́т) *pf.*; *past*: спас, спасла́
спать to sleep (сплю, спишь, -ят); поспа́ть *pf.*
спа́ться *impers.* + *dat.* to feel like sleeping (спи́тся); *past*: спало́сь
спекта́кль *m.* play, performance
специ́фика specific aspects
спина́ back
споко́йный calm, quiet
споко́йствие calm
спорт sport
спо́соб method
спосо́бность *f.* ability, capacity
спосо́бный talented, gifted; спосо́бен, спосо́бна на capable of; спосо́бен к with talent for
спосо́бствовать *imp. only* to further (спосо́бствую, -ешь, -ют)
спра́вить to celebrate (спра́влю, спра́вишь, -ят); справля́ть (I) *imp.*
спра́шивать (I) to ask, question; спроси́ть (спрошу́, спро́сишь, -ят) *pf.*
спря́тать to hide (спря́чу, -ешь, -ут); пря́тать *imp.*
спустя́ *cj.* + *acc.* after, later
спу́тник sputnik (satellite); co-traveller
спя́щий sleeping

сраже́ние battle
сра́зу at once
среди́ amidst, among
сре́дние века́ Middle Ages
сре́дство means
сро́чный urgent
ссо́ра quarrel
ссы́льный exile
ста́вить to put, place (ста́влю, ста́вишь, -ят); поста́вить *pf.*
ста́до herd
стан camp
станови́ться to become, grow; to place oneself (становлю́сь, стано́вишься, -ятся); стать (ста́ну, -ешь, -ут) *pf.*
стари́к old man
старожи́л oldtimer
ста́рость *f.* old age
старт start
стартова́ть *imp. and pf.* to start (старту́ю, -ешь, -ют)
стару́ха old woman
ста́рший older, oldest
ста́рый old
ста́тность *f.* stateliness
ста́тный stately
ста́туя statue
ствол trunk
стека́ть (I) to trickle, flow down; стечь (стеку́, стечёшь, стеку́т) *pf.*
стекло́ glass pane, *pl.* стёкла
стена́ wall
сте́пень *f.* degree
степь *f.* steppe
сти́рка laundering
стихи́йный spontaneous
сти́хнуть (II) to quiet down; *past*: стих, сти́хла; стиха́ть (I) *imp.*
сто́ить (II) *imp. only* to cost; *impers.* + *dat.* to be worth one's while

стол table
столо́вая dining room
сто́лько so much, so many
стон groan
сторона́ side
стоя́ть (II) to stand; постоя́ть (II) *pf.*; простоя́ть *pf.* to spend, be for a stated time
страна́ country
стра́нный strange
стра́стный passionate
страх fear
стра́шный fearful, dreadful
стре́лка pointer hand (of clock or watch)
стрело́к gunner, marksman
стреми́ться to strive, long for (стремлю́сь, стреми́шься, -я́тся) *imp.*
стремле́ние urge, striving
стри́женный clipped
стро́гий strict, severe
стро́ить (II) to build; постро́ить (II) *pf.*
стро́йный slender
стру́нный *adj.* string
струя́ jet, stream
ступи́ть to step, set foot on (ступлю́, сту́пишь, -ят); ступа́ть (I) *imp.*
стыди́ться to be ashamed (стыжу́сь, стыди́шься, -я́тся); постыди́ться *pf.*
сты́ковка link-up, junction
сугро́б snowdrift
суди́ть to judge; to try (сужу́, су́дишь, -ят) *imp.*
судомо́йня scullery
судьба́ fate
судья́ *m.* judge
сукно́ cloth
сумасше́дший mad, insane

су́мрачный dusky, gloomy
суп soup
супру́г husband; супру́га wife; супру́ги husband and wife
суро́вый bleak, stern
су́тки *pl.* twenty-four hour period
су́точный *adj.* twenty-four hour
сухо́й dry
суще́ственный vital
существо́ being
существова́ние existence
существова́ть *imp. only* to exist (существу́ю, -ешь, -ют)
сфе́ра sphere
сфотографи́ровать to photograph (сфотографи́рую, -ешь, -ют); фотографи́ровать *imp.*
схвати́ть to grab (схвачу́, схва́тишь, -ят); схва́тывать (I) *imp.*
сце́на scene
сча́стье luck, happiness
счита́ть (I) to count; to consider; сосчита́ть (I) *pf.* to count; счесть (сочту́, -ёшь, -у́т) *pf.* to consider; *past:* счёл, сочла́, -ли́
счита́ться (I) to be considered
съезд convention, congress
сын son, *pl.* сыновья́
сы́рость *f.* dampness
сюда́ here (to)

Т

таи́нственный mysterious
таи́ться (I) to conceal, hide oneself; притаи́ться *pf.*
та́йна secret, mystery
та́кже also
тако́в such
тако́й such

такси́ *indecl. n.* taxi
тала́нтливый talented
танго́ *indecl.* tango
та́нец dance
танцева́ть to dance (танцу́ю, -ешь, -ют); потанцева́ть *pf.*
таре́лка plate
тащи́ть (II) to drag; потащи́ть (II) *pf.*
твёрдый hard, firm
теа́тр theatre
телевизио́нный *adj.* TV
телезри́тель *m.* TV viewer
телёнок calf, *pl.* теля́та
телепрогра́мма TV program
те́ло body
темне́ть (I) to grow dark; потемне́ть (I) *pf.*
темнота́ darkness
температу́ра temperature
тень *f.* shadow
те́рмин term
террито́рия territory
теря́ть (I) to lose; потеря́ть (I) *pf.*
те́сный cramped, tight
техни́ческий technical
тече́ние current, flow; в тече́ние during, in the course
течь to flow (течёт, теку́т)
ти́хий quiet, soft, gentle, slow
Ти́хий океа́н Pacific Ocean
то... то *cj.* now...now; at times... at other times
това́рищ comrade
тогда́ then, at that time
тогда́шний of that time
толпа́ crowd
то́лстый fat, thick
то́лько only
торгова́ть to trade (торгу́ю, -ешь, -ют); поторгова́ть *pf.*
торго́вка *f.* merchant

торопи́ться to hasten, hurry (тороплю́сь, торо́пишься, -ятся); поторопи́ться *pf.*
торопли́вый hasty
торча́ть (II) *imp. only* to stick out
тоскова́ть to miss, long for (тоску́ю, -ешь, -ют); затоскова́ть *pf.*
то́тчас immediately
то́чный precise, exact; то́чно precisely; *cj.* as if
траги́ческий tragic
тра́нспорт transportation
тра́нспортный *adj.* transport
тра́тить to spend (тра́чу, тра́тишь, -ят); истра́тить *pf.*
тра́урный *adj.* mourning
тре́бовать to demand (тре́бую, -ешь, -ют); потре́бовать *pf.*
трениро́вочный *adj.* training
тре́пет trepidation
тре́тий third
трёхнеде́льный *adj.* three weeks'
три́дцать thirty
тро́е *coll.* three
труба́ pipe, chimney
тру́бный *adj.* trumpet
труд labor
труди́ться to toil, labor (тружу́сь, тру́дишься, -ятся); потруди́ться *pf.*
тру́дный difficult
трудя́щийся working man
трус coward
тря́пка rag
трясти́сь to be shaking (трясу́сь, -ёшься, -у́тся); затрясти́сь *pf.*
туале́т dressing, dress
туго́й tight
тума́н fog
тури́зм tourism
ту́ча cloud

тща́тельный thorough
тыл rear
ты́сяча thousand
тюре́мный *adj.* prison
тюрьма́ prison
тяжёлый heavy, severe, grave
тя́жесть *f.* weight, heaviness
тя́жкий grievous, serious
тяну́ть (I) to pull; *impers.* to be attracted; **потяну́ть** (I) *pf.*
тяну́ться to stretch (тя́нется, тя́нутся); **потяну́ться** *pf.*

У

у *pr.* + *gen.* at, by
убежда́ть (I) to convince; **убеди́ть (убежду́, убеди́шь, -я́т)** *pf.*
убежде́ние conviction
убе́жище refuge
уби́йство murder
уби́йца *m. and f.* murderer
уби́тый killed
уби́ть to kill (убью́, -ёшь, -ю́т); **убива́ть** (I) *imp.*
убо́рка cleaning up
убра́ть to pull in; to remove; to tidy; to decorate (уберу́, -ёшь, -у́т); **убира́ть** (I) *imp.*
убы́ток loss, deficit
уваже́ние respect
уве́ренный confident; **уве́рен, уве́рена** convinced (of) that
уверя́ть (I) to convince; to assure; **уве́рить** (II) *pf.*
уво́лить (II) to dismiss; **увольня́ть** (I) *imp.*
у́гол corner
уголо́вный penal, criminal
угро́за threat

удава́ться to be a success (удаётся, удаю́тся); **уда́ться** *pf. impers.* + *dat.* to succeed in; *past:* удало́сь
уда́р blow, stroke
уда́рить (II) to strike, hit; **ударя́ть** (I) *imp.*
удели́ть (II) to give, appropriate; **уделя́ть** (I) *imp.*
удиви́тельный astonishing
удиви́ть to surprise (удивлю́, удиви́шь, -я́т); **удивля́ть** (I) *imp.*
удивле́ние surprise, astonishment
удо́бный convenient, comfortable
удо́бство comfort, convenience
удовлетворе́ние satisfaction
удовлетворя́ть (I) to satisfy; **удовлетвори́ть** (II) *pf.*
удово́льствие pleasure
удоста́иваться (I) to be honored; **удосто́иться** (II) *pf.*
уезжа́ть (I) to leave, drive away; **уе́хать (уе́ду, -ешь, -ут)** *pf.*
у́жас horror
уже́ already; **уже́ не** no longer
у́жин supper
у́зкий narrow
узна́ть (I) to find out; **узнава́ть (узнаю́, -ешь, -ю́т)** *imp.*
уйти́ to go away, leave (уйду́, -ёшь, -у́т); *past:* ушёл, ушла́; **уходи́ть (ухожу́, ухо́дишь, -ят)** *imp.*
указа́ть to indicate, point out (укажу́, ука́жешь, -ут); **ука́зывать** (I) *imp.*
укрепи́ть to implant; to strengthen (укреплю́, укрепи́шь, -я́т); **укрепля́ть** (I) *imp.*
укры́ться to cover, wrap oneself (укро́юсь, -ешься, -ются); **укрыва́ться** (I) *imp.*

уку́тать (I) to wrap up, cuddle; ку́тать (I) *imp.*
ула́мывать (I) to break in; to talk into; уломáть (I) *pf.*
у́лица street
улича́ть (I) to expose, catch; уличи́ть (II) *pf.*
у́лочка small street
улыбну́ться to smile (улыбну́сь, -ёшься, -у́тся); улыбáться (I) *imp.*
ум intelligence
умере́ть to die (умру́, -ёшь, -у́т); *past*: у́мер, умерла́; умира́ть (I) *imp.*
уме́ть (I) to be able; to know how; суме́ть (I) *pf.*
у́мница *m. and f.* clever person
у́мный clever
умыва́ние washing up
униже́ние humiliation
уны́лый cheerless, dismal
упа́сть to fall down (упаду́, -ёшь, -у́т); па́дать (I) *imp.*
упо́рный persistent
упо́рство persistence
употребля́ть (I) to use; употреби́ть (употреблю́, употреби́шь, -я́т) *pf.*
управле́ние control, administration
упражне́ние exercise
уси́ленный intensified
уси́лие effort
уси́лить (II) to intensify, strengthen; уси́ливать (I) *imp.*
усло́вие condition
усложня́ться (I) to become complicated; усложни́ться (II) *pf.*
услы́шать (II) to hear; слы́шать (II) *imp.*
уста́лость *f.* fatigue, weariness

уста́лый tired
установи́ть to install; to establish (установлю́, устано́вишь, -ят); устана́вливать (I) *imp.*
уста́ть to get tired (уста́ну, -ешь, -ут); уставáть (устаю́, -ёшь, -ю́т) *imp.*
устрани́ть (II) to remove; устраня́ть (I) *imp.*
утоми́ть to tire, weary (утомлю́, утоми́шь, -я́т); утомля́ть (I) *imp.*
утра́та deprivation, bereavement
у́тро morning
у́хо ear, *pl.* у́ши
ухо́д departure; ухо́д за care of
уходи́ть to go away, leave (ухожу́, ухо́дишь, -ят); уйти́ (уйду́, уйдёшь, -у́т) *pf.*; вре́мя ухо́дит на time is spent on
уча́ствовать *imp. only* to participate (уча́ствую, -ешь, -ют)
уча́сток plot (of land)
учени́к pupil, student
учёба studies
учёный scholar, learned
учи́тель *m.* teacher
учи́ться to study, learn (учу́сь, у́чишься, -атся); научи́ться *pf.*
учрежде́ние institution
уще́рб loss, damage, detriment

Ф

фа́брика factory
факти́ческий actual, real; факти́чески practically, actually
фантасти́ческий fantastic
фая́нс china
фигу́ра figure
физиологи́ческий physiological
физи́ческий physical

физкульту́ра   physical culture
филосо́фствование   philosophizing
флаг   flag
флане́левый *adj.*   flannel
флане́ль *f.*   flannel
фо́рма   form, shape
фотографи́рование   photographing
фра́за   phrase
фрак   tail coat
фракцио́нный   factional
францу́зский   French
фронт   front
фунт   pound

X

хала́т   dressing gown
хара́ктер   character
характеризова́ться *imp. only*   to be characterized (характеризу́юсь, -ешься, -ются)
характери́стика   character, description
ха́та   hut
хлеб   bread
хле́щущий   striking
ходи́ть *indeterm.*   to go, walk (хожу́, хо́дишь, -ят); идти́ *determ.* (иду́, -ёшь, -у́т); пойти́ *pf.*
хожде́ние   walking
хозя́ин   master, owner
хозя́йка   landlady, mistress (of house)
хозя́йство   household
холо́дный   cold
холосто́й   bachelor, unmarried
хоро́шенький   pretty
хоро́ший   good; хоро́ш, хороша́ good looking

хоте́ться *impers.* + *dat. imp.*   to want, to feel like (хо́чется); *past*: хоте́лось; захоте́ться *pf.*
хотя́   although
храни́ть (II)   to preserve, keep; сохрани́ть (II) *pf.*
хруста́ль *m.*   crystal
худо́жественный   artistic, art
худоща́вый   lean
ху́тор   village, farm (regional)
хуторя́нка   farm woman

Ц

цвето́к   flower, *pl.* цветы́
це́лый   whole, entire
цель *f.*   aim, goal
цена́   price
центр   center
центра́льный   central
центробе́жный   centrifugal
цепь *f.*   chain
ци́фра   figure, number

Ч

чай   tea; чай с цветко́м   rose tea
час   hour, *pl.* часы́ (*also*: watch)
часово́й *adj.*   hour; *noun* sentry
ча́сто   often, frequently
часть *f.*   part
ча́ще   more frequently
чей, чья́, чьё, *pl.* чьи   whose
челове́к   person, man, *pl.* лю́ди
челове́ческий   human
челове́чество   humanity
че́рез *cj.* + *acc.*   across, through, in
черне́ть (I)   to be, turn black; почерне́ть *pf.*

чёрный black
черта́ trait, feature, line
чеса́ться to scratch (чешу́сь, че́шешься, -утся); почеса́ться *pf.*
че́стный honest
честь *f.* honor
чета́ couple, pair
че́тверо *coll.* four
четвёртый fourth
чи́сленный numerical
чи́слиться (II) to be counted
число́ number, date
чистота́ purity, cleanliness
чи́стый clean, pure
чита́тель *m.* reader
чита́ть (I) to read; прочита́ть (I) *pf.* to read through; почита́ть (I) *pf.* to read for a while
член member; одноро́дные чле́ны *gram.* coordinate parts
чрезме́рный excessive
чте́ние reading
чу́вство feeling
чу́вствовать to feel (чу́вствую, -ешь, -ют); почу́вствовать *pf.*
чугу́нный cast iron
чудо́вище monster
чудо́вищный monstrous
чудотво́рный wonder working
чужо́й alien
чуть не almost
чу́ять (I) to sense; почу́ять (I) *pf.*

Ш

шаг step
ша́лость *f.* prank
ша́пка cap
ша́рить (II) to fumble; поша́рить (II) *pf.*

шевельну́ться (I) to stir, move; шевели́ться (II) *imp.*
шепта́ться *imp. only* to converse in a whisper (ше́пчутся)
шесть six
ширина́ width
шо́пот whisper
шоссе́ *n. indecl.* highway
шесто́й sixth
шеффльбо́рд shuffle board
ше́я neck
шимпа́нзе *m. and f. indecl.* chimpanzee
широ́кий wide, broad
шки́пер skipper
шко́льный *adj.* school
шку́ра hide, pelt
шокола́д chocolate
шофёр chauffeur
шпио́н spy
шпиона́ж espionage
шту́рман navigator
шум noise
шу́тка joke

Щ

щека́ cheek, *pl.* щёки
щено́к puppy, *pl.* щеня́та
щипа́ть to pinch (щиплю́, щи́плешь, -ют); щипну́ть (I) *pf.*

Э

э́дакий *colloquial* such a
экипа́ж crew
электроэне́ргия electrical energy
энерги́чный energetic

эне́ргия energy
эпо́ха epoch, era
эскадри́лья squadron
эски́з sketch
эта́ж floor
эта́п stage, halting place

Ю

юг South

Я

явле́ние occurrence, phenomenon
явля́ться (I) to appear, to be;
    яви́ться (явлю́сь, я́вишься, -ятся) *pf.*
я́вный obvious
язы́к language, tongue
яйцо́ egg, *pl.* я́йца
я́кобы supposedly
я́ма hollow, hole
янва́рь *m.* January
я́сность *f.* clarity
я́сный clear

ENGLISH-RUSSIAN VOCABULARY

A

about (concerning) о, об (+ *prep.*)
— (approximately) о́коло (+ *gen.*)
absent: to be absent отсу́тствовать *imp. only*
abuse злоупотребле́ние (+ *instr.*)
according to согла́сно (+ *dat.*)
accusation обвине́ние
achieve (to strive for) добива́ться *imp.*; доби́ться *pf.* (+ *gen.*)
acquire приобрета́ть *imp.*; приобрести́ *pf.*
activity де́ятельность *f.*
actually факти́чески
admit допуска́ть *imp.*; допусти́ть *pf.*
advice сове́т
advocate побо́рник
after по́сле (+ *gen.*)
agonizing мучи́тельный

agony (preceding death) аго́ния;
  to be in — (pain, suffering) си́льно му́читься
agree соглаша́ться *imp.*; согласи́ться *pf.*
air во́здух
aircraft carrier авиано́сец
airplane самолёт
airport аэродро́м
all весь, вся, всё, все
all one can do остаётся (+ *dat.*);
  all one could do остава́лось (+ *dat.*)
allow позволя́ть *imp.*; позво́лить *pf.*; дава́ть *imp.* (+ *dat.*); дать *pf.* (+ *dat.*) see Chapter 11
almost почти́
already уже́
also та́кже, то́же
although несмотря́ на то что; хотя́
always всегда́

among среди́ (+ *gen.*)
and и; а
anger злость *f.*
animosity вражда́, вражде́бность *f.*
antiaircraft *adj.* зени́тный
anyone вся́кий, любо́й
application зая́вка
apply применя́ть *imp.*; примени́ть *pf.*
approach приближа́ться *imp.*; прибли́зиться *pf.*; — (come near) подходи́ть *imp.*; подойти́ *pf.*
approving одобри́тельный
approximate приблизи́тельный
arbitrariness произво́л
area райо́н; пло́щадь *f.*
arrive (driving) приезжа́ть *imp.*; прие́хать *pf.*; — (walking) приходи́ть *imp.*; прийти́ *pf.*; — (either driving, walking or flying) прибы́ть *pf. only*
artificial иску́сственный
as (*adv.*) как; **as** (in the capacity of) в ка́честве (+ *gen.*)
ashamed: to be — стыди́ться *imp.*; устыди́ться *pf.*
ask (question) спра́шивать *imp.*; спроси́ть *pf.*
assistant помо́щник
astronaut космона́вт
at в, на (+ *prep.*); у (+ *gen.*)
at once сра́зу
at times быва́ло *part.*; иногда́ *adv.*
at times . . . at other times то... то
atrophy отмира́ть *imp.*; отмере́ть *pf.*
attaché атташе́ *indecl. m.*
attack ата́ка
attempt пыта́ться *imp.*; попыта́ться *pf.*; — *noun* попы́тка
attribute припи́сывать *imp.*; приписа́ть *pf.*
author а́втор
avoid избега́ть *imp.*; избежа́ть *pf.* (+ *gen.*)
await ожида́ть *imp. only*

B

bad looking ду́рен, дурна́, дурны́
be быть
beautiful краси́вый
because потому́ что; **— of** от (+ *gen.*); из-за (+ *gen.*) see Chapter 8
become станови́ться *imp.*; стать *pf.*; **— bloodshot** налива́ться *imp.*, нали́ться *pf.* кро́вью
befall постига́ть *imp.*; пости́гнуть *pf.*
before (prior to) до (+ *gen.*); — (immediately preceding) пе́ред (+ *instr.*)
begin начина́ть *imp.*; нача́ть *pf.*; начина́ться *imp.*; нача́ться *pf. intrans.*; — (to start) стать
beginning нача́ло
betray выдава́ть *imp.*; вы́дать *pf.*
better лу́чше
between ме́жду (+ *instr.*)
birthrate рожда́емость *f.*
blame: be to — винова́т, винова́та, винова́ты
blow *v.* дуть *imp.*; поду́ть *pf.*; — *noun* уда́р
board (deck) па́луба
boat (steamship) парохо́д; **small —** ло́дка
body те́ло

bomber pilot, — plane бомбардиро́вщик
bore надоеда́ть *imp.*; надое́сть *pf.*; прискучить (+ *dat.*) *pf. only*
born: to be — рожда́ться *imp.*; роди́ться *pf.*
both о́ба *m. and n.*; о́бе *f.*; **— *cj.* and** и... и, как... так и
breathe дыша́ть *imp.*; подыша́ть *pf.*; **one can —** ды́шиться *impers.* + *dat.*
brief (of brief duration) кра́ткий; не́который; — (briefly expressed) кра́ток, кратка́, кра́тко, кра́тки
bring (walking) приноси́ть *imp.*; принести́ *pf.*; — (by riding) привози́ть *imp.*; привезти́ *pf.*
briskly бо́дро
brother брат, *pl.* бра́тья
busy занято́й
but но, а; — (in return) зато́
by (past) ми́мо (+ *gen.*)
by no means отню́дь не

C

calculation вычисле́ние
call up звони́ть *imp.*; позвони́ть *pf.* + *dat.*
can (be able) мочь *imp.* (могу́, мо́жешь, мо́гут); смочь *pf.* (смогу́, смо́жешь, смо́гут)
capable of спосо́бен, спосо́бна, спосо́бны на (+ *acc.*)
care of ухо́д за (+ *instr.*)
carry носи́ть *indeterm.*; нести́ *determ.*; понести́ *pf.*
cart пово́зка
case: in — в слу́чае
cause вызыва́ть *imp.*; вы́звать *pf.*; причиня́ть *imp.*; причини́ть *pf.*

celestial небе́сный
census пе́репись *f.*
Central Committee Центра́льный Комите́т (ЦК)
certain не́который; свой
chain цепь *f.*
change *trans.* меня́ть *imp.*; изменя́ть *imp.*; измени́ть *pf.*
change *intrans.* меня́ться, изменя́ться *imp.*; измени́ться *pf.*; — *noun* переме́на; измене́ние
character хара́ктер
chauffeur шофёр; води́тель *m.*
cheek щека́, *pl.* щёки
child ребёнок, *pl.* де́ти
choice вы́бор
circumstances: under no — ни за что
clarity я́сность *f.*
clean чи́стый
cleaned вы́чищенный
cleaning up убо́рка
clever person у́мница *m. and f.*
coat пальто́ *n. indecl.*; **— of suit** пиджа́к
cocoa кака́о *n. indecl.*
collective *noun* коллекти́в; *adj.* коллекти́вный
command module основна́я каби́на
commander команди́р
commit (crime) соверша́ть *imp.*; соверши́ть *pf.*
complete *adj.* по́лный, соверше́нный; **— *v.*** (to fulfill) выполня́ть *imp.*; вы́полнить *pf.*
completely соверше́нно
complex сло́жный
complexion цвет лица́
comprehend постига́ть *imp.*; пости́чь *pf.*; понима́ть *imp.*; поня́ть *pf.*

193

comrade товарищ
condemn осуждать *imp.*; осудить *pf.*
condition условие; **in good —** в исправности
conference конференция
confess сознаваться *imp.*; сознаться *pf.*
confident уверенный
confused: to become — смущаться *imp.*; смутиться *pf.*
conscience совесть *f.*
consider считать *imp.*; счесть *pf.*; **to be considered** считаться *imp. only*
consist of состоять из (+ *gen.*) *imp. only*
constant постоянный
constitution (political) конституция; **—** (build) комплекция
continue продолжать *imp.*; продолжить *pf.*
continuity последовательность *f.*
contradiction противоречие
conversation разговор
convict *v.* осуждать *imp.*; осудить *pf.*; **—** *noun* каторжный
convince убеждать *imp.*; убедить *pf.*
corn кукуруза
corpulence грузность *f.*
country страна
court martial предавать *imp.*, предать *pf.* суду
create создавать *imp.*; создать *pf.*
crew экипаж
crime преступление
cripple калека *m. and f.*
cultural культурный
cup чашка

D

daily *adj.* ежедневный
damage ущерб, убыток
dangerous опасный
dare сметь *imp.*; посметь *pf.*
dark: to get, grow — темнеть *imp.*; потемнеть *pf.*
date число
daughter дочь *f.*, *pl.* дочери
day день *m.*
dead мёртвый; **more — than alive** ни жив ни мёртв
death смерть *f.*
death's door: to be at — быть при смерти
debunk развенчивать *imp.*; развенчать *pf.*
decide решать *imp.*; решить *pf.*
defender защитник
definite определённый
delegate делегат
deliberately обдуманно, умышленно
depend зависеть *imp. only* от (+ *gen.*)
desire желать *imp.*; пожелать *pf.*
destruction разрушение
determined: to be — by определяться *imp.*; определиться *pf.* (+ *instr.*)
development развитие
device приспособление
different разный, различный
dine обедать *imp.*; пообедать *pf.*
dinner обед
director директор
disclosure разоблачение
disgraceful позорный
dish washing мытьё посуды
distort искажать *imp.*; исказить *pf.*
diver водолаз

do де́лать *imp.*; сде́лать *pf.*;
— **gymnastic exercises** де́лать гимна́стику
do without обходи́ться *imp.*; обойти́сь *pf.* без (+ *gen.*)
dock при́стань *f.*
doctor до́ктор
dollar до́ллар
doubt сомне́ние; **without** — вне сомне́ния
dramatize (to exaggerate) преувели́чивать *imp.*; преувели́чить *pf.*
drastic круто́й, реши́тельный
dressing одева́ние
dressing gown хала́т
drift (smoke, noise) ходи́ть (*imp. only*); — (snow, sand, etc.) наноси́ть *imp.*; нанести́ *pf.*
drink пить *imp.*; вы́пить *pf.*
drip ка́пать *imp.*; ка́пнуть *pf.*
driver води́тель, шофёр; — **of horse cab** изво́зчик
drunk: to get — напива́ться *imp.*; напи́ться *pf.*; — *noun* пья́ница *m. and f.*
dry сухо́й
due to за (+ *instr.*); по (+ *dat.*); от (+ *gen.*); из-за (+ *gen.*) *see Chapter 8*
dug-out блинда́ж
during за (+ *acc.*); в тече́ние (+ *gen.*); — (at the time of) во вре́мя (+ *gen.*)
dusk is falling смерка́ется
duty обя́занность *f.*

E

eagle орёл, *gen.* орла́

early *adj.* ра́нний; — *adv.* ра́но
earth земля́
effort уси́лие
either . . . or и́ли... и́ли, ли́бо... ли́бо, не то... не то *see Chapter 9*
elucidation разъясне́ние
embarrass смуща́ть *imp.*; смути́ть *pf.*
empty: to leave — handed уходи́ть *imp.*, уйти́ *pf.* ни с чем *see Chapter 10*
end *intrans.* ока́нчиваться *imp.*; око́нчиться *pf.*
enemy *noun* враг, проти́вник; — *adj.* вра́жеский
energy эне́ргия
enter (walking) входи́ть *imp.*; войти́ *pf.*; — (driving) въезжа́ть *imp.*; въе́хать *pf.*
entertainment развлече́ние
evening ве́чер
every ка́ждый
evil *adj.* дурно́й
excellent прекра́сный
excessive чрезме́рный
excitement волне́ние
exile (person) ссы́льный; — (condition) ссы́лка
exist существова́ть *imp. only*
expenditure затра́та
experience испы́тывать *imp.*; испыта́ть *pf.*
expose in a lie улича́ть *imp.*, уличи́ть *pf.* во лжи
express выража́ть *imp.*; вы́разить *pf.*
expression выраже́ние, оборо́т
extraordinary необы́чный, удиви́тельный; **nothing** — *see Chapter 3*
extremely кра́йне
eye глаз, *pl.* глаза́

F

face лицо
faced: to be — with предстоять *imp. only* (+ *dat.*)
factual действительный
fall asleep засыпать *imp.*; заснуть *pf.*
fall upon бросаться *imp.*; броситься на (+ *acc.*)
fatal losses потеря (потери) убитыми
fate судьба
father отец
fatigue усталость *f.*
favorite любимый
fear страх
feel чувствовать *imp.*; почувствовать *pf.*; — (believe) считать *imp only*; думать *imp. only*
feeling чувство; — **of well being** хорошее самочувствие
festive праздничный
few мало, немного; **a —** несколько, немногие
fifty пятьдесят
fight: to ask for a — лезть *imp.*, полезть *pf.* в драку *see Chapter 11*
fighter plane истребитель *m.*
fire выставлять *imp.*; выставить *pf.*; увольнять *imp.*; уволить *pf.*; — *noun* огонь *m.*
first первый
five пять
flight полёт; — (sortie) вылет
flourish процветать *imp. only*
flower цветок, *pl.* цветы
flustered: be — конфузиться *imp.*; сконфузиться *pf.*
fond of охотник до (+ *gen.*) *see Chapter 3*

food еда, пища
for *pr.* для (+ *gen.*); за (+ *acc.*); на (+ *acc.*)
for all ... при (+ *prep.*) *see Chapter 2*
force заставлять *imp.*; заставить *pf.*; вынуждать *imp.*; вынудить *pf.*; — *noun* сила
forget забывать *imp.*; забыть *pf.*
fortify oneself подкрепляться *imp.*; подкрепиться *pf.*
four четыре
fragrant душистый
free свободный
friend друг, приятель *m.*, товарищ
from *pr.* от (+ *gen.*) *see Chapter 8*; — (surface) с (+ *gen.*)
front line линия фронта
fulfill выполнять *imp.*; выполнить *pf.*
fully вполне
furnace man истопник

G

garden сад
general общий
generation поколение
German *noun* немец *m.*, немка *f.*, немцы *pl.*; — *adj.* немецкий
get out выходить *imp.*; выйти *pf.*; *imperative* пошёл *m.*, пошла *f.*, пошли *pl.*; вон *see Chapter 2*
get rid of избавляться *imp.*; избавиться *pf.* от (+ *gen.*)
get up вставать *imp.*; встать *pf.*
gifted способный, талантливый
girl (little) девочка
give давать *imp.*; дать *pf.*; — **title** озаглавливать *imp.*; озаглавить *pf.*

good хоро́ший; **it would be —** хорошо́ бы (+ *inf.*) *see Chapter 11*
goodlooking хоро́ш, хороша́, хоро́ший
granular рассы́пчатый
gratifying благода́рный
great (large) большо́й; — (intense) си́льный
greatest велича́йший
grief го́ре
groan стон
grounds: on what — с чего́ *see Chapter 10*
group гру́ппа
grow расти́ *imp.*; вы́расти *pf.*
guest гость *m.*
gunner стрело́к
gymnastic exercises гимна́стика

H

habit привы́чка
half пол, полови́на
hall зал
happen происходи́ть *imp.*; произойти́ *pf.*; случа́ться *imp.*; случи́ться *pf.*
hard твёрдый; — (difficult) тру́дный
harsh ре́зкий
hatch люк
have to приходи́ться *imp.*; прийти́сь *pf. impers.* (+ *dat.*)
haze мгла
he он
headwaiter метрдоте́ль *m.*
health здоро́вье
healthy здоро́вый

hear слы́шать *imp.*; услы́шать *pf.*
heart-rending мучи́тельный
heavy (in weight) тяжёлый; — (in intensity) си́льный
helicopter вертолёт
help помога́ть *imp.*; помо́чь *pf.*; — *noun* по́мощь *f.*
her, hers её
here здесь, тут
hesitate колеба́ться *imp.*; поколеба́ться *pf.*
hide *intrans.* пря́таться *imp.*; спря́таться *pf.*
high высо́кий
highest (extremely high) высоча́йший
his его́
historic истори́ческий
history исто́рия
holiday пра́здник
hope наде́яться *imp.*; — *noun* наде́жда
hornet оса́
hospital больни́ца, го́спиталь *m.*
hot (liquid) горя́чий; — (weather) жа́ркий
hotel гости́ница, оте́ль *m.*
hour час; **every — counts** ка́ждый час до́рог *see Chapter 3*
how как; **— much** ско́лько (+ *gen. sing.*); **— many** ско́лько (+ *gen. pl.*)
however одна́ко, всё же
humiliation униже́ние
hundred сто
hunger го́лод
husband муж

I

icy ледяно́й

IDLENESS

idleness безде́йствие
idler зева́ка *m. and f.*
ill больно́й; — **at ease** не по себе́ (+ *dat.*) *see Chapter 11*
illness: (many people) **pass through** — переболе́ть *pf. only, see Chapter 3*
immediately то́тчас, сра́зу
importance значе́ние
important ва́жный
impossible невозмо́жный
indignation возмуще́ние
indisputably бесспо́рно
individual *noun* индиви́дуум, ли́чность *f.*; — *adj.* индивидуа́льный
inevitable неизбе́жный
inflict наноси́ть *imp.*; нанести́ *pf.* (уще́рб) *see Chapter 1*
insignificant ничто́жный
insistent упо́рный
in spite of несмотря́ на (+ *acc.*)
instantly сра́зу
institution учрежде́ние
intelligence ум
intensity интенси́вность *f.*
interest запро́с, интере́с; **have no** — **in** не до (+ *dat. and gen.*) *see Chapter 11*
interesting интере́сный; **some interesting things** ко́е-что интере́сное *see Chapter 1*
intermission переры́в
inundate залива́ть *imp.*; зали́ть *pf.*
inventor изобрета́тель *m.*
iron *v.* гла́дить *imp.*; отгла́дить *pf.*; вы́гладить *pf.*
irreparable непоправи́мый
irritate раздража́ть *imp.*; раздражи́ть *pf.*
irritation раздраже́ние
island о́стров

J

jack-of-all-trades ма́стер на все ру́ки
judge судья́ *m.*
July ию́ль *m.*
justify опра́вдывать *imp.*; оправда́ть *pf.*

K

know знать *imp.*; — (to find out) узна́ть *pf.*

L

landing приземле́ние; — **on the moon** прилуне́ние
language язы́к, речь *f.*
large большо́й; **too large** вели́к, велика́, велико́, велики́, *see Chapter 3*
last дли́ться *imp.*; продли́ться *pf.*; — *adj.* после́дний
later *adj.* бо́лее по́здний; — *adv.* пото́м, по́зже
latest после́дний
launching за́пуск
laundering сти́рка
lazy лени́вый; **too** — лень (+ *dat.*) *see Chapter 11*
leader вождь *m.*
leadership руково́дство
leaf (of tree) лист, *pl.* ли́стья
leave (riding) уезжа́ть *imp.*; уе́хать *pf.*; — (walking) уходи́ть *imp.*; уйти́ *pf.*; — (flying) улета́ть *imp.*; улете́ть *pf.*; — **behind** оставля́ть *imp.*; оста́вить *pf.*

lend an ear прислу́шиваться *imp.*; прислу́шаться *pf.*
letter письмо́
liberal (politically) либера́льный; — (generous) ще́дрый; — (education) гуманита́рный
lie (be lying down) лежа́ть *imp.*; полежа́ть *pf.*
lie down ложи́ться *imp.*; лечь *pf.*
life жизнь *f.*
like люби́ть (+ *inf.*); **to be likeable, pleasing to** нра́виться, понра́виться (+ *dat.*)
line (queue) *noun* о́чередь *f.*
link-up сты́ковка
listen слу́шать *imp.*; послу́шать *pf.* (+ *acc.*)
listening *noun* слу́шание
literary литерату́рный
live жить *imp.*; прожи́ть, пожи́ть *pf.*
look смотре́ть *imp.*; посмотре́ть *pf.*; **not — more than** нельзя́ дать бо́льше... (+ *dat.*) *see Chapter 11*
long time: for a — надо́лго
lose теря́ть *imp.*; потеря́ть *pf.*
loss поте́ря, убы́ток; — (detriment) уще́рб; — (deprivation, bereavement) утра́та *see Chapter 1*
lot: a — мно́го (+ *gen. pl.*)
luckily к сча́стью
lunar лу́нный

M

main гла́вный
majority большинство́
make де́лать *imp.*; сде́лать *pf.*

man (person) челове́к, *pl.* лю́ди; — (male) мужчи́на *m.*
mankind челове́чество
many мно́го (+ *gen. pl.*)
marble *adj.* мра́морный
marry (of man) жени́ться *imp. and pf.*; — (of woman) выходи́ть *imp.*, вы́йти *pf.* за́муж за
match (for) чета́ (+ *dat.*) *see Chapter 3*
meaning значе́ние
meat мя́со
meet (to get to know) знако́миться *imp.*; познако́миться *pf.*; — (encounter) встреча́ть *imp.*; встре́тить *pf.*
meeting встре́ча
member член
menu меню́ *n. indecl.*
method ме́тод
military вое́нный
million миллио́н
minister мини́стр
minority меньшинство́
misfortune беда́
miss мисс *f. indecl.*
mission ми́ссия
mistake оши́бка
misunderstanding недоразуме́ние
module каби́на
money де́ньги *pl.*
monstrous чудо́вищный
month ме́сяц
moon луна́
moral мора́льный, нра́вственный
mountain гора́
Mrs. госпожа́, ми́ссис *f. indecl.*
much мно́го (+ *gen. sing.*)
muffle заглуша́ть *imp.*; заглуши́ть *pf.*
mumble бормота́ть *imp.*; **to begin to —** забормота́ть *pf.*

murderer уби́йца *m. and f.*
musician музыка́нт
must до́лжен, должна́, должны́
my, mine мой, моя́, моё, мои́

N

nasty скве́рный
national национа́льный
navigator шту́рман
near *cj.* о́коло (+ *gen.*)
nearest ближа́йший
neat аккура́тный
necessary необходи́мый
need потре́бность *f.*
neighbor сосе́д, *pl.* сосе́ди
neither . . . nor ни... ни
never никогда́
nevertheless тем не ме́нее
next *adj.* сле́дующий
night ночь *f.*; **last —** вчера́ ве́чером
nine hundred девятьсо́т
nitwit дурачи́на *m. and f.*
no нет
no longer бо́льше не
no one никто́
noise шум
nose нос; **to stick one's — in other peoples affairs** лезть *imp.*, поле́зть *pf.* не в своё де́ло *see Chapter 10*
not не
noted ви́дный, изве́стный
nothing ничто́, ничего́
notice замеча́ть *imp.*; заме́тить *pf.*
now тепе́рь, сейча́с
now . . . then то... то
number число́, коли́чество
numerical чи́сленный

O

obligation обя́занность *f.*
obliged (grateful) благода́рен за (+ *acc.*)
occasion: on the — по слу́чаю
occupy занима́ть *imp.*; заня́ть *pf.*
of course коне́чно
old ста́рый; **— man** стари́к; **to reach — age** дожи́ть до седи́н
older *adv.* ста́рше; **—** *adj.*, **oldest** ста́рший
old-timer старожи́л
one оди́н, одна́, одно́
only то́лько
open открыва́ть *imp.*; откры́ть *pf.*
opinion мне́ние
orchestra орке́стр
original (initial) первонача́льный
orphan сирота́ *m. and f.*
other друго́й, друга́я, друго́е, други́е; **on the — hand** с друго́й стороны́, зато́
our, ours наш
out of из (+ *gen.*); по (+ *dat.*) *see Chapter 8*
outshout перекри́кивать *imp.*; перекрича́ть *pf.*
over (above) над (+ *instr.*); **— (more)** бо́лее, бо́льше
overestimate переоце́нивать *imp.*; переоцени́ть *pf.*

P

part часть *f.*
pass (walking) проходи́ть *imp.*; пройти́ *pf.*; **— (driving)** проезжа́ть *imp.*; прое́хать *pf.*
passenger пассажи́р
pathetic жа́лкий

patient пациéнт, больнóй
people лю́ди *pl.*, нарóд;
  — (nation) нарóд
perform (accomplish) совершáть
  imp.; совершúть *pf.*
perhaps мóжет быть
period перúод
permit позволя́ть *imp.*; позвóлить
  pf.; разрешáть *imp.*; разрешúть
  pf.
persistence упóрство
person человéк, лицó, *pl.* лю́ди
perspiration пот; **to break out
  in** — бросáть *imp.*, брóсить *pf.*
  в пот (+ *acc.*) *see Chapter 11*
phenomenon явлéние
physical физúческий; — **culture**
  физкультýра
physiological физиологúческий
pilot лётчик
pipe трубá
place мéсто
place under suspicion брать *imp.*,
  взять *pf.* на подозрéние
play игрáть *imp.*; поигрáть,
  сыгрáть *pf.*
pleasure удовóльствие
poor бéдный; — (in quality)
  плохóй; — **thing** бедня́га *m.
  and f.*
popular speech просторéчие
population населéние
porous пóристый
position положéние
possiblity возмóжность *f.*
possible возмóжный
postpone отклáдывать *imp.*;
  отложúть *pf.*
power власть *f.*
powerful мóщный
practically фактúчески
precept завéт

presence присýтствие; **in the —
  of** при (+ *prep.*) *see Chapter 2*
preserve хранúть *imp.*; сохранúть
  pf.
pretty хорóшенький
prince князь *m.*
prison тюрьмá
problem проблéма
professor профéссор, *pl.*
  профессорá
promise обещáть *imp.*; пообещáть
  pf.; — *noun* обещáние
provoke вызывáть *imp.*; вы́звать
  pf.
purity чистотá
pusher (sly person) проны́ра *m.
  and f.*

Q

quarrel ссóра
question расспрáшивать *imp.*;
  расспросúть *pf.*; — *noun*
  вопрóс

R

radio рáдио *n. indecl.*
ragged обóрванный
rain дождь *m.*; **it is raining** идёт
  дождь
rapidly бы́стро
reach достигáть *imp.*; достúчь *pf.*;
  — **old age** дожúть до седúн
reading чтéние
ready готóв, готóва, готóво,
  готóвы
recently недáвно
reconnoiterer развéдчик

regenerate перерожда́ться *imp.*; переродиться *pf.*
regional областно́й, ме́стный
relationship отноше́ние
remain остава́ться *imp.*; оста́ться *pf.*
repeat повторя́ть *imp.*; повтори́ть *pf.*
replace заменя́ть *imp.*; замени́ть *pf.*
report (communication) сообще́ние
resound раздава́ться *imp.*; разда́ться *pf.*
rest отдыха́ть *imp.*; отдохну́ть *pf.*; — *noun* о́тдых
restrained сде́ржанный
result результа́т
retain сохраня́ть *imp.*; сохрани́ть *pf.*
return *trans.* возвраща́ть *imp.*; возврати́ть, верну́ть *pf.*; — *intrans.* возвраща́ться *imp.*; верну́ться, возврати́ться *pf.*; — *noun* возвраще́ние
return *adj.* возвра́тный
roam броди́ть *imp.*; проброди́ть *pf.*
robust кре́пкий
rock (species) поро́да
room ко́мната
route маршру́т
run бе́гать *indeterm.*; бежа́ть *determ.*; побежа́ть *pf.*
Russian *n. and adj.* ру́сский

S

sad гру́стный
safe and sound жив и здоро́в
same тот же са́мый, та же са́мая, то же са́мое, те же са́мые
sample образе́ц
sandwich бутербро́д
satisfaction удовлетворе́ние
satisfy удовлетворя́ть *imp.*; удовлетвори́ть *pf.*
save (take care of) бере́чь *imp.*; сбере́чь *pf.*; — (from danger) спаса́ть *imp.*; спасти́ *pf. see Chapter 7*
save up сберега́ть *imp.*; сбере́чь *pf. see Chapter 7*
say говори́ть *imp.* (+ *dat.*); сказа́ть *pf.*
scatter разгоня́ть *imp.*; разогна́ть *pf.*
schedule расписа́ние
schoolmate това́рищ по шко́ле
scientist учёный
scoundrel негодя́й
scullery судомо́йня
seat ме́сто
secret та́йна, секре́т
see ви́деть *imp.*; уви́деть *pf.*
seem каза́ться *imp.*; показа́ться *pf.*
self-educated person самоу́чка *m. and f.*
separate (fighters) разнима́ть *imp.*; разня́ть *pf.*
serious серьёзный; — (grievous) тяжёлый
several не́сколько (+ *gen. pl.*)
sex пол
shake *intrans.* дрожа́ть *imp.*; задрожа́ть *pf.*; трясти́сь *imp.*; затрясти́сь *pf.*
sharp о́стрый, круто́й, ре́зкий *see Chapter 6*
she она́
shell снаря́д
shifty eyes бе́гающие глаза́ *see Chapter 3*
shivering озя́бший

shopping совершéние покýпок
short корóткий; **— story** расскáз
shortage недостáток
shortcoming недостáток
should: one — слéдует
shout кричáть *imp.*; крúкнуть *pf.*; **— noun** крик
shouter крикýн *m.*, крикýнья *f.*
show покáзывать *imp.*; показáть *pf.*
shrill рéзкий
side сторонá, бок; **our —** нáши *pl. see Chapter 1*
silence молчáние
silver *noun* серебрó; **— adj.** серéбряный
simplicity простотá
since (from that time on) с (+*gen.*), с тех пор, как-что; **— (because)** так как
single: not a — ни однóго *m. and n.*; ни однóй *f.*
siren сирéна
situation положéние
sky нéбо
slander клеветá
slangy жаргóнный
sleep сон
sleep спать *imp.*; поспáть *pf.*; **to feel like sleeping** спáться (+*dat.*) *see Chapter 11*
sleepy сóнный
smell пáхнуть *imp.* (+ *instr.*); запáхнуть *pf.*
smoke дым
snow *noun* снег; **it is snowing** идёт снег
sob рыдáние
social социáльный, обществéнный
soil грунт
solve решáть *imp.*; решúть *pf.*

some нéкоторые, однú
son сын, *pl.* сыновья́
sort: of the — подóбный *see Chapter 3*
sound звук
Soviet *adj.* совéтский; **— Union** Совéтский Сою́з
spacecraft космúческий корáбль
spaceship *adj.* космúческий
spattered забры́зганный
spectacle зрéлище
speech речь *f.*
spend трáтить *imp.*; истрáтить *pf.*; **— (time)** проводúть *imp.*; провестú *pf. see Chapter 4*; **— the night** переночевáть *pf. only*
spirit дух; **to be in good spirits** быть в дýхе; **to be in bad spirits** быть не в дýхе
spiritual духóвный
spoil пóртить *imp.*; испóртить *pf.*
sputnik спýтник
stand стоя́ть *imp.*; постоя́ть *pf.*
stay *noun* пребывáние
stern сурóвый, крутóй
stifling дýшный
still всё еще
stoker (of furnace) кочегáр
stop *trans.* останáвливать *imp.*; остановúть *pf.*; **— intrans.** останáвливаться *imp.*; остановúться *pf.*
strength сúла
string *adj.* стрýнный
stroke удáр
strong сúльный, крéпкий
studies учёба
study изучéние
stupid глýпый
succeed удавáться *imp.*; удáться *pf.*

203

such такой, такая, такое, такие; таков, такова, таково, таковы *see Chapter 3*
suddenly вдруг
suffer страдать *imp.*; пострадать *pf.*; **— losses** нести *imp.*, понести *pf.* убытки *see Chapter 1*
sum total совокупность *f.*
summer лето; **in the summer** летом
summon вызывать *imp.*; вызвать *pf.*
sunken (physical features) впалый
superiority превосходство
supposed to: one is — полагается
supposedly якобы
sure уверен, уверена, уверены
surface поверхность *f.*

T

table стол
take care of беречь *imp.*; сберечь *pf. see Chapter 7*
take place происходить *imp.*; произойти *pf.*
talk разговаривать *imp. only*; говорить с (+ *instr.*); поговорить *pf.*
tarnish тускнеть *imp.*; потускнеть *pf.*
tea чай
teacher учитель, *pl.* учителя
tear off отрывать *imp.*; оторвать *pf.*
technical технический
tell говорить *imp.* (+ *dat.*); сказать *pf.*
temporary временный
ten десять; **ten-year** *adj.* десятилетний

terrible ужасный, страшный
territory территория
testimony показание
thank you спасибо
thanks to благодаря (+ *dat.*)
that *cj.* что
their, theirs их
then (at that time) тогда; **—** (subsequently) потом
there там, (pointing) вот; **there is** есть; **there is no** нет
they они
thing вещь *f.*; **some interesting things** кое-что интересное *see Chapter 1*
think думать *imp.*; подумать *pf.*
this этот, эта, это, эти
thousand тысяча
threat угроза
three три; **—** *coll.* трое
thus так
time время *n., pl.* времена
timely актуальный
tired: to get, be — уставать *imp.*; устать *pf.*
tired *adj.* усталый
title название; (honorary) титул; **to give —** озаглавливать *imp.*; озаглавить *pf.*
to, into в, на (+ *acc.*), к (+ *dat.*)
today сегодня
today's сегодняшний
tongue: to have a ready — не лезть за словом в карман *see Chapter 10*
torture истязание, пытка; **—** (torment) мука
toward к (+ *dat.*)
trace след; **there is no — of** в помине нет
trade торговать *imp.*; **—** *noun* торговля

tramp бродя́га *m. and f.*
transportation передвиже́ние
tray подно́с
tree trunk ствол
trip пое́здка, путеше́ствие
trousers брю́ки
truth пра́вда
try (with hope of success) стара́ться *imp.*; постара́ться *pf.*; — (with possibility of failure) пыта́ться *imp.*; попыта́ться *pf.*; — (to sample) про́бовать *imp.*; попро́бовать *pf.*
tunic ки́тель *m.*
turn поворо́т
turn out ока́зываться *imp.*; оказа́ться *pf.*
TV program телепрогра́мма
TV viewer телезри́тель *m.*
twenty два́дцать
two два *m. and n.*, две *f.*

U

understand понима́ть *imp.*; поня́ть *pf.*
understanding понима́ние
unfinished (drink) недопи́тый
unhook отцепля́ть *imp.*; отцепи́ть *pf.*
unpleasant неприя́тный
unquestionable бесспо́рный
upset: to be — волнова́ться *imp.*; заволнова́ться *pf.*
urge призыва́ть *imp.*; призва́ть *pf.*
urgent актуа́льный
useful поле́зный, к чему́ *see Chapter 10*
useless бесполе́зный, не к чему́ *see Chapter 10*

use up (time, strength) тра́тить *imp.*, истра́тить *pf.* на (+ *acc.*) *see Chapter 4*
utmost кра́йний

V

vegetables о́вощи
very о́чень
vexation доса́да
victory побе́да
village дере́вня
voice го́лос, *pl.* голоса́

W

want хоте́ть *imp.*; захоте́ть *pf.*
war война́
warm согрева́ть *imp.*; согре́ть *pf.*; — *adj.* тёплый
washing умыва́ние
waste (of time) поте́ря вре́мени
watching (viewing) просмо́тр
water полива́ть *imp.*; поли́ть *pf.*; — *noun* вода́
wave волна́
way доро́га, путь *m.*
weak сла́бый
wear носи́ть *imp.*; на (+ *prep.*) *pf.*
weather пого́да
week неде́ля
weeping плач
when когда́
where где; — (to) куда́
whether ли
which кото́рый
while: for a — немно́го
who (interrogative) кто; — (relative) кото́рый, тот, кто

205

whole: the — весь, вся, всё, все;
a — це́лый
why почему́
wind ве́тер
window frame ра́ма
wine вино́
wink подми́гивать *imp.*; подмигну́ть *pf.*
winter зима́
wire obstacle про́волочное загражде́ние
wish жела́ть *imp.*; пожела́ть *pf.*; *— noun* жела́ние
with с (+ *instr.*)
wither ча́хнуть *imp.*; зача́хнуть *pf.*
woman же́нщина
worthwhile: to be — сто́ить *imp. only* (+ *dat.*) *see Chapter 11*
wood лес, *pl.* леса́
word сло́во

work рабо́тать *imp.*; порабо́тать *pf.*; *— noun* рабо́та
working man трудя́щийся, рабо́чий
world мир; *— adj.* мирово́й
write писа́ть *imp.*; написа́ть *pf.*; **be in a mood to —** писа́ться (+ *dat.*) *see Chapter 11*

Y

year год
yes да
yesterday вчера́
you ты, вы
young молодо́й; **young people** молодёжь *f.*
your, yours ваш, ва́ша, ва́ше, ва́ши
youth (age) мо́лодость *f.*;
— (young people) молодёжь *f.*